재미있는 이야기 중심의

썸♥타는 中國語 첫걸음

이지연 · 이문미 공저

B (주)백산출판사

머리말

'썸 타는 중국어 첫걸음' 본 책은 중국어에 관심을 갖고 학습을 원하지만, 쉽게 시작하지 못하는 학습자를 위한 책으로, 재미있고, 흥미로운 내용 안에서 중국어를 부담없이 시작할 수 있도록 하였다. 간단한 문장으로 먼저 입을 트이게 하고, 그 이후 문법적인 요소를 접근할 수 있도록 하는 방식으로 먼저 실생활에서 많이 쓰이고, 외우고 싶은 문장들을 내용으로 담았다.

재미있는 이야기 중심의 문장 속에서 중국어를 학습함으로써, 중국어 학습에 있어서는 포기없이 꾸준히 공부하는 데에 많은 도움이 되었으면 하는 바람이다.

-저자 이지연-

这是专门为汉语初学者量身打造的一本实用汉语学习书。内容以口语为重点，全面丰富，活泼亲切，从最基础的发音，到必备分类词汇、日常必备短句，更精选了情境会话，贴近中国人的日常生活，涉及家庭、交际、工作、情感、娱乐、交通、学习等场景，内容循序渐进，让学习者在轻轻松松掌握汉语的基础上，流利地说出汉语。

- 저자 李文美-

차례

01편 중국어의 기본 설명

02편 중국어 첫걸음

01편

중국어의 기본 설명

1. 중국어의 구성

你 : 너, 당신

성조
nǐ　　　(pīnyīn) 병음 : 니
성모/운모　　　　　　　　자음/모음

　중국어는 위와 같이 한자, 성조, 병음(성모, 운모)으로 구성되어 있다. 병음은 한자의 발음으로 우리가 어렵지 않게 접하는 알파벳으로 표기하며, 성조는 소리의 높낮이라고 생각하면 쉽게 이해할 수 있다. 대부분의 중국어 발음(병음)은 위와 같이 한글 발음으로 유사하게 익힐 수 있다. 그러나, 정확한 발음을 위해서는 병음의 발음을 반드시 이해하여야 한다.

2. 성조

- 1성 (좋-아-)요~~~~
  '쏠' 정도의 음으로 끝까지 '쏠'
  음으로 끝까지 이어준다.

- 2성 왜?
  물어보듯이 왜? 중간에서 높이
  올려 준다.

- 3성 나, (돈 좀 빌려줘)
  최대한 비굴하게 낮은 음에서
  올려준다.

- 4성 야! 뚝!
  화내듯 짧고 굵게 위에서 아래
  로 떨어뜨리며 소리 낸다.

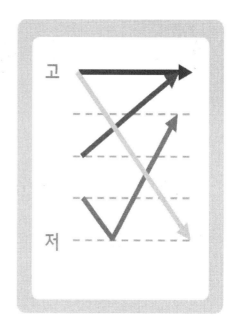

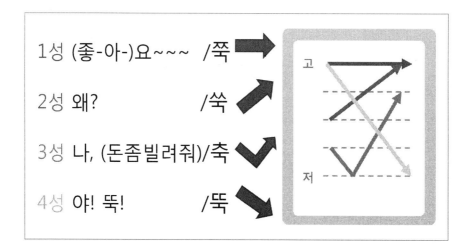

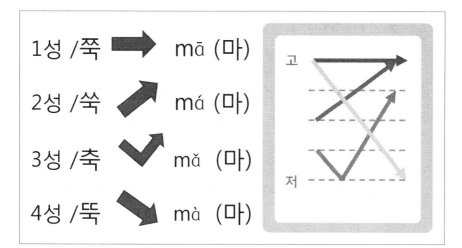

1성 /쭉 ➡ kāfēi(카페이) 커피

2성 /쑥 ➚ táng(탕) 설탕

3성 /축 ✔ měi(메이) 아름답다, (미국)미

4성 /뚝 ➘ shì(슬) ~식

* měi(메이) shì(슬) kāfēi(카페이) : 아메리카노
　미국　　　식　　　커피

성조 연습!

1성 : tā(타)   māma(마마)   fēijī(페이지)
2성 : shí(슬)   yéye(예예)   hóngchá(홍차)
3성 : wǒ(워)   nǎinai(나이나이)   yǔsǎn(위싼)
4성 : shì(슬)   bàba(빠바)   zàijiàn(짜이찌엔)

chē (처)   qí(치)   huǒ(훠)   zuò(쭈오)
tài(타이)   guó(구어)   zhōng(쫑)   měi(메이)
lěng(렁)   rè(러)   liáng(량)   tiān(티엔)
hē(허)   kě(커)   è(어)   kāixīn(카이씬)

문장으로 성조 연습!

1. Zhōngguó nán de hěn shuài.

   쫑궈 난 더 헌 쓔아이

2. Hánguó nǚrén hěn piàoliang.

   한궈 뉘런 헌 피아오량

3. Nǐ hěn hǎokàn.

   니 헌 하오 칸

■ 단어로 보는 성조의 경우의 수

1성 ➡️ (쭉)

➡️➡️ **쭉** 쭉 : cāntīng(찬팅) 식당

➡️↗️ 쭉 쑥 : huānyíng(환잉) 환영하다

➡️✔️↗️ 쭉 축 : kāishǐ (카이슬) 시작하다

➡️↘️ 쭉 뚝 : shēngrì (셩를) 생일

1성 ➡️ (쭉)

➡️➡️ 쭉 쭉 : gānbēi(깐빼이) 건배

➡️↗️ 쭉 쑥 : Zōngguó(쫑궈) 중국

➡️✔️↗️ 쭉 축 : Qīngdǎo(칭다오) 청도

➡️↘️ 쭉 뚝 : chāoshì(차오슬) 마켓

3성 ↘↗(축)

 **축** 쭉 Běijīng(베이징) 북경

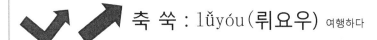 축 쑥 : lǚyóu(뤼요우) 여행하다

축 축(쑥쑥) : kěyǐ(커이) ~할 수 있다. 됩니다.

 축 뚝 : kǎoshì(카오슬) 시험

* 3성+3성의 경우 2성+3성으로 변형되어진다.

3성 ↘↗(축)

축 쭉 lǎoshī(라오슬) 선생님

축 쑥 : kěnéng(커넝) 아마도

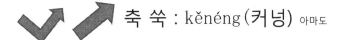 축 축(쑥쑥) : shuǐguǒ(슈이궈) 과일

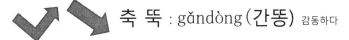 축 뚝 : gǎndòng(간똥) 감동하다

* 3성+3성의 경우 2성+3성으로 변형되어진다.

4성 ↘ (뚝)

뚝 쭉 dàjiā(따지아) 여러분

뚝 쑥 Hànyǔ(한위) 한국어

뚝 축 xiàyǔ(씨아위) 비가오다

뚝 뚝 jièshào(찌에샤오) 소개하다

4성 ↘ (뚝)

뚝 쭉 chànggē(창꺼) 노래부르다

뚝 쑥 jìjié(찌지에) 언니, 누나

뚝 축 shìchǎng(슬창) 시장

뚝 뚝 zàijiàn(짜이찌엔) 다음에 봐!

문장으로 흐름 타기

1. hē kāfēi.

   허 카페이 → 커피를 마시다.

2. míngnián huílái.

   밍니엔 후이라이 → 내년에 돌아오다.

3. qīngdǎo píjiǔ

   칭다오 피지우 → 청도 맥주

4. zài fàndiàn jiàn.

   짜이 판(f)띠엔 찌엔 → 식당에서 만나.

5. fēicháng hǎo kàn.

   페이창 하오칸 → 매우 보기 좋다/ 예쁘다.

3. 발음

1) 운모: 한글의 모음에 해당한다.

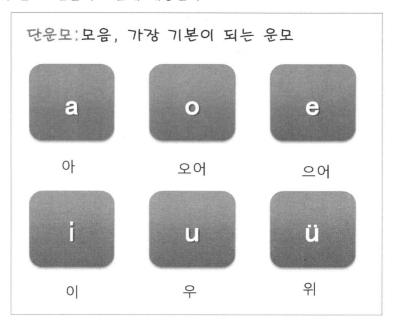

i(ui) 결합운모:

i 뒤에 다른 운모가 결합되어 만들어진 운모로,
i가 성모 없이 단독으로 쓰일 때는 ui로 표기.

u(wu) 결합운모:
u가 성모 없이 단독으로 쓰일 때는 wu로 표기

ü（yu）결합운모
ü가 성모없이 단독으로 쓰일 경우, yu로 표기

문장으로 연습하기

1. Nǐ máng ma?

　니 망　마?

2. Yǒu shíjiān ma?

　요우 슬지엔 마?

3. Yìqǐ hē kāfēi ba.

　이치 허 카f케이 바.

4. Wǒ ài nǐ.

　워 아이 니.

2) 성모: 한글의 성모에 해당한다.

b p m (쌍순음) : 아랫입술과 윗입술을 붙였다 떼면서 발음

八 여덟

bā빠

跑 달리다

pǎo파아오

买 사다

mǎi 마아이

f (순치음) : 아랫입술 안쪽에 윗니를 살짝 댔다 떼면서 발음

饭 밥

fàn

d t n l (설첨음) : 혀끝을 윗잇몸 안쪽에 댔다 떼면서 발음

东동   听듣다   男남자   来오다

dōng똥   tīng팅   nán난   lái라이

g k h (설근음) : 혀뿌리로 목구멍을 막았다가 떼면서 발음

高높다   开열다   喝마시다

Gāo까아오   Kāi카아이   hē 흐어

j q x(설면음) : 입을 옆으로 벌리고 혀를 넓게 펴서 발음

鸡닭   家집   七칠   西서쪽

jī 지   jiā 지아   qī 치   xī 시

zh ch sh r(권설음) : 혀끝을 말아 입천장에 닿을 듯 말 듯하게 하고
그 사이로 공기를 내보내면서 발음

这이것   吃먹다   书책   热덥다

zhè 즈으어   chī 츨   shū 슈   rè 르어

z c s (설치음) : 혀끝을 앞니의 뒷면에 붙였다 떼면서 발음

무아침   **菜**요리   **四** 4

zǎo 짜오   cài 차이   sì 쓰

*성모 zh,ch,sh,r,z,c,s와 'i'가 zhi와 같이 합쳐지면 'i'는 '으'와 같이 발음된다.

성조와 발음

숫자로 연습하기

yī 이 èr 얼 sān 싼 sì 쓰 wǔ 우

liù 리우 qī 치 bā 빠 jiǔ 지우 shí 슬

문장으로 연습하기

dà tùzi dùzi dà   xiǎo tùzi dùzi xiǎo.
따 투즈 뚜즈 따   시아오 투즈 뚜즈 시아오.
큰토끼 배는 크고 작은 토끼 배는 작다.

02편

중국어 첫걸음

안녕하세요!

你好!
Nǐ hǎo!

你们好!
Nǐmen hǎo!

您好!
Nín hǎo!

老师好!
Lǎoshī hǎo!

孩子们好!
Háizimen hǎo!

大家好!
Dàjiā hǎo!

见到您很高兴!
Jiàndàonín hěngāoxìng!

再见!
Zàijiàn!

주요단어

你 Nǐ 당신, 너　~们 men ~들　老师 Lǎoshī 선생님　孩子 háizi 어린이, 아이
大家 dàjiā 여러분

학습

你好!
Nǐhǎo!
안녕! 안녕하세요!

你们好!
Nǐmenhǎo!
너희들 안녕! 여러분들 안녕하세요!

您好!
Nínhǎo!
안녕하십니까!

老师好!
Lǎoshīhǎo!
선생님 안녕하세요!

孩子们好!
Háizimenhǎo!
어린이들 안녕!

大家好!
Dàjiāhǎo!
여러분 안녕하세요!

见到您很高兴!
Jiàndàonínhěngāoxìng!
만나서 반가워요!

再见!
Zàijiàn!
안녕! 다음에 또 봐!

● 어법정리

1. 你好!
  Nǐhǎo!
  안녕하세요!

- 성조의 변화축 ✔✔축 (쑥쑥) : kěyǐ (커이)

  您好 nínhǎo "您" nín (윗사람, 존칭어)

2. 见到您很高兴。
  Jiàndào nín hěngāoxìng.
  만나서 반가워요.

- "见到" jiàndào (만나다, 마주치다)

- "很" hěn (매우, 아주)

- "高兴" gāoxìng (기쁘다)

* 认识你很高兴。
  Rènshi nǐ hěngāoxìng.
  알게 돼서 기뻐요.

3. "인사"의 여러가지 표현

  早上好。Zǎoshanghǎo. 아침인사

  中午好。Zhōngwǔhǎo. 점심인사

  晚上好。Wǎnshanghǎo. 저녁인사

  晚安。Wǎn'ān. / Wǎn ān. 잘자요.

〈병음 표기〉

일반적으로 구분없이 표기하지만, wǎn'ān 이와 같이 wǎn과 ān 사이에 < ' >을 넣어 구분을 해 주기도 하며, wǎn ān 이와 같이 wǎn과 ān 사이를 띄워 구분해 주기도 한다.

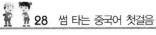
내일 만나! (明天 míngtiān)

내일 모레 만나! (后天 hòutiān)

내일 아침에 만나!

모레 저녁에 만나!

明天见!
Míngtiānjiàn!

后天见!
Hòutiānjiàn!

明天早上见!
Míngtiān zǎoshangjiàn!

后天晚上见!
Hòutiān wǎnshangjiàn!

2 잘 지내요

A: 你好吗?
Nǐ hǎo ma?

B: 我很好!
Wǒ hěn hǎo!

A: 你呢?
Nǐ ne?

B: 我也很好。
Wǒ yě hěn hǎo.

* 还可以。
Hái kěyǐ.

* 不太好。
Bútàihǎo.

● 주요단어

很 hěn 매우, 정말　~也 yě ~도　吗? ma ~까?, ~요?　呢? ne ~는?　也 yě -도
还 hái 여전히, 아직도　可以 kěyǐ ~된다, ~할 수 있다　不 bù 아니　太 tài 너무

 **학습**

你好吗?
Nǐ hǎo ma?
잘 지냈어요? 잘 지냈니?

我很好!
Wǒ hěn hǎo!
나는 잘 지냈어요.

你呢?
Nǐ ne?
당신은요? 너는?

我也很好。
Wǒ yě hěn hǎo.
나도 잘 지냈어요.

* 还可以。
  Háikěyǐ.
  그럭저럭이요.

* 不太好。
  Bútàihǎo.
  좋지 않았어요. 힘들었어요.

어법정리

중국어의 기본 어순

1. 주어 + 동작/감정 + 목적어

나는 너를 사랑해
我爱你。
Wǒ ài nǐ.

2. 주어 + 정도 + 형용사

난 잘 지내(난 매우 안녕해)
我很好。
Wǒ hěn hǎo.

3. 문장 + 吗(-하니) → 의문문(-吗 ma 문장의 끝 + 吗 → 의문문)

잘 지내니?(넌 안녕하니?)
你好吗?
Nǐ hǎo ma?

생각대로 말해보기!

그동안 잘 지냈니?

그럭저럭 지냈어. 너무 바빴다. (忙 máng)

너는?

힘들었어. 나 헤어졌어. (分手了 fēnshǒule)

생각대로 말해보기!

你好吗?
Nǐ hǎo ma?

还可以。
Hái kěyǐ.

很忙。
Hěn máng.

你呢?
Nǐ ne?

不太好。
Bútàihǎo.

我分手了。
Wǒ fēnshǒule.

3 요즘 어때요?

왕대륙: 睡了吗?
Shuì le ma?

소 영: 还没睡。
Hái méi Shuì.

왕대륙: 你最近过得怎么样?/你好吗?
Nǐ zuìjìn guòde zěnmeyàng?/Nǐ hǎo ma?

소 영: 还可以。
Háikěyǐ.

你呢?
Nǐ ne?

왕대륙: 我最近心很痛。
Wǒ zuìjìn xīn hěntòng.

* 睡觉了吗?
Shuì jiào le ma?

* 我最近很痛苦。
Wǒ zuìjìn hěntòngkǔ.

* 我最近身体不舒服。
Wǒ zuìjìn shēntǐ bù shūfu.

* 我生病了。
Wǒ shēngbìng le.

• 주요단어

睡觉 shuì, jiào (잠을)자다 没 méi 없다, ~않다, 아직 ~않다 最近 zuìjìn 요즘, 최근에 过得 guòde 지내다 怎么样? zěnmeyàng 어때? 心xīn 마음 很痛 hěntòng 매우 아프다 身体 shēntǐ 신체, 몸 舒服 shūfu 편안하다 生病 shēngbìng 아프다, 병이 생겼다

 **학습**

왕대륙: 睡了吗?
Shuì le ma?
자니? (잤니?)

소 영: 还没睡。
Hái méishuì.
안 자. (안 잤어.)

왕대륙: 你最近过得怎么样?
Nǐ zuìjìn guòde zěnmeyàng?
요즘 어떻게 지내?

소 영: 还可以。
Háikěyǐ.
그럭저럭.

你呢?
Nǐ ne?
너는?

왕대륙: 我最近心很痛。
Wǒ zuìjìn xīn hěntòng.
나는 요즘 마음이 힘들어.

* 你好吗?
Nǐ hǎo ma?
잘 지내?

* 我最近很痛苦。
Wǒ zuìjìn hěntòngkǔ.
나 요즘 매우 괴로워.

* 我最近身体不舒服。
  Wǒ zuìjìn shēntǐ bù shūfu.
  나 요즘 몸이 아파.

* 我最近生病了。
  Wǒ zuìjìn shēngbìng le.
  나 요즘 병이 생겼어.

● 어법정리

1. 了 le 과거

   睡觉了。잠을 잤다. /吃饭了。밥을 먹었다.

   Shuì jiào le.   /Chī fàn le.

2. 得 dé 얻다. 동사나 형용사 뒤에 쓰여 결과나 정도를 나타
   내는 보어와 연결시킴

   过得很好。 잘 지냈다. /说得真好。 말을 잘한다.

   Guòde hěnhǎo.   /Shuōde zhēnhǎo.

3. 不 bù 不 bú 성조변화

   不 bù + 1, 2, 3성

   bù shūfu = bù lái = bù mǎi 不 bù + 1, 2, 3성

   不 bú + 4성

   bú tàihǎo 4성 = bú shì

생각대로 말해보기!

자니?

요즘 어떻게 지내?

나는 좀 아팠어 (마음)

나는 좀 아팠어 (신체)

생각대로 말해보기!

睡了吗?
Shuì le ma?

你最近过得怎么样?
Nǐ zuìjìn guòde zěnmeyàng?

我最近心很痛。
Wǒ zuìjìn xīn hěntòng.

我最近身体不舒服。
Wǒ zuìjìn shēntǐ bù shūfu.

4 가족 호칭

爸爸好吗?
Bàba hǎo ma?

爸爸很好!
Bàba hěn hǎo!

妈妈好吗?
Māma hǎo ma?

妈妈很好!
Māma hěn hǎo!

爷爷好吗?/奶奶好吗?
Yéye hǎo ma?/Nǎinǎi hǎo ma?

姐姐也好吗?/姐姐也很好!
Jiějie yě hǎoma?/Jiějie yě hěn hǎo!

弟弟也好吗?/弟弟也很好!
Dìdi yě hǎoma?/Dìdi yě hěn hǎo!

大家都很好!
Dàjiā dōu hěn hǎo!

● 주요단어

爸爸 bàba 아빠 妈妈 māma 엄마 爷爷 yéye 할아버지 奶奶 nǎinai 할머니
姐姐 jiějie 언니, 누나 妹妹 mèimei 여동생 哥哥 gēge 오빠, 형 弟弟 dìdi 남동생
都 dōu 모두, 다

학습

爸爸好吗?
Bàba hǎo ma?
아빠는 잘 지내시나요?

爸爸很好!
Bàba hěn hǎo!
아빠는 잘 지내십니다!

妈妈好吗?
Māma hǎo ma?
엄마는 잘 지내시나요?

妈妈很好!
Māma hěn hǎo!
엄마는 잘 지내십니다!

爷爷好吗?
Yéye hǎo ma?
할아버지는 잘 지내십니까?

奶奶好吗?
Nǎinai hǎo ma?
할머니는 잘 지내십니까?

姐姐也好吗?
Jiějie yě hǎo ma?
언니도 잘 지내시나요?

姐姐也很好!
Jiějie yě hěn hǎo!
언니도 잘 지냅니다!

弟弟也好吗?
Dìdi yě hǎo ma?
남동생도 잘 지내나요?

弟弟也很好!
Dìdi yě hěn hǎo!
남동생도 잘 지냅니다!

大家都很好!
Dàjiā dōu hěn hǎo!
모두 다 잘 지냅니다!

* 叔叔
  shūshu 삼촌

  婶婶
  shěnshen 숙모

* 老公
  lǎo gong 남편

  公公
  gōnggong 시아버지

* 老婆
  lǎopo 아내

  婆婆
  pópo 시어머니

* 欧巴
  Ōu bā 오빠

(한류 열풍으로 생겨난 신조어 '오빠' 발음 유사하게 소리나는 한자를
이용하여 그대로 '오빠'라고 발음하며 뜻 또한 한국어 오빠와 같다)

● 어법정리

1. 大家都很好!
Dàjiā dōu hěn hǎo!
모두 잘 있다.

都 모두, 이미, 심지어 ~조차도, 합쳐서

2. 长得帅的都是欧巴啊。
Zhǎngdeshuàide dōushì Ōu bā a.
잘생기면 모두 오빠지.

得 de동사나 형용사 뒤에 쓰여 결과나 정도를 나타내는 보어와 연결시킴.

说得真好
shuōde zhēn hǎo
말하는 것이 정말 잘한다.

长得帅的
zhǎngde shuàide
생긴 것이 잘생겼다.

地 de 관형어로 쓰이는 단어나 구 뒤에 쓰여, 그 단어나 구가 동사 또는 형용사와 같은 중심어를 수식하고 있음을 나타냄.

努力地学习
nǔlì de xuéxí
열심히 공부한다.

辛勤地工作
xīnqín de gōngzuò
부지런히 일한다.

생각대로 말해보기!

오빠, 잘 지냈어요?

누나도 잘 지냈어요?

그런데, 나는 동생이잖아요.

잘생기면 다 오빠지.

생각대로 말해보기!

哥哥，你好吗?
Gēge, nǐ hǎo ma?

姐姐你也好吗?
Jiějie nǐ yě hǎo ma?

(可是 kěshì) 可(是)我是弟弟嘛。
Kě (shì) wǒshì dìdi ma.

长得帅的都是欧巴啊。
Zhǎngdeshuàide dōu shì Ōu bā a.

5 바쁘세요?

왕대륙: 你忙吗?
　　　Nǐ máng ma?

소　영: 我很忙。
　　　Wǒ hěn máng.

　　　你不忙吗?
　　　Nǐ bù máng ma?

왕대륙: 我不忙。
　　　Wǒ bù máng.

　　　今晚可以见面吗?
　　　Jīnwǎn kěyǐ jiànmiàn ma?

　　　你累吗?
　　　Nǐ lèi ma?

소　영: 我不累。
　　　Wǒ bú lèi.

왕대륙: 今晚要一起吃晚饭吗?
　　　Jīnwǎn yào yìqǐ chī wǎnfàn ma?

* 我太忙了。
　Wǒ tài máng le.

* 累死了。
　Lèi sǐ le.

주요단어

忙 máng 바쁘다, 서두르다　今晚 jīnwǎn 오늘 저녁(今天 jīntiān 오늘 + 晚上 wǎnshang 저녁)
见面 jiànmiàn 만나다, 대면하다　累 lèi 지치다, 피곤하다　一起 yìqǐ 같이　吃 chī 먹다
饭 fàn 밥, 식사

학습

왕대륙: 你忙吗?
Nǐ máng ma?
바쁘니?

소 영: 我很忙。
Wǒ hěn máng.
매우 바빠.

你不忙吗?
Nǐ bù máng ma?
넌 안 바쁘니?

왕대륙: 我不忙。
Wǒ bù máng.
난 안 바빠.

今晚可以见面吗?
Jīnwǎn kěyǐ jiànmiàn ma?
오늘 저녁에 만날 수 있니?

你累吗?
Nǐ lèi ma?
피곤해?

소 영: 我不累。
Wǒ bú lèi.
안 피곤해.

왕대륙: 今晚要一起吃晚饭吗?
Jīnwǎn yào yìqǐ chī wǎnfàn ma?
오늘 저녁에 같이 저녁 먹을까?

* 我太忙了。
  Wǒ tài máng le.

  나는 너무 바쁘다.

* 累死了。
  Lèi sǐ le.

  피곤해 죽겠다.

● 어법정리

1. 可以 kěyǐ ~할 수 있다, ~해도 된다. 可以/不可以 kěyǐ/ bù kěyǐ
   要 yào 구하다, 요구하다, 원하다. 要 yào/不要 bú yào
   됩니까, 안 됩니까? 可以不可以? Kěyǐ bù kěyǐ?
   원하세요, 안 원하세요? 要不要? Yào bú yào?

   今晚要一起吃(晚)饭吗?
   Jīnwǎn yào yìqǐ chī (wǎn) fàn ma?
   같이 저녁 먹을까?

   今晚可以一起吃(晚)饭吗?
   Jīnwǎn kěyǐ yìqǐ chī (wǎn) fàn ma?
   같이 저녁 먹을 수 있어? 먹어도 돼?

2. 不 bù -하지 않다.
   不 + 4성 bù → bú
   부정문 不 bù -하지 않다.
   주어 + 不 bù + 형용사 我不累 wǒ bú lèi 나는 피곤하지 않다.
   주어 + 不 bù + 동사 我不去 wǒ bú qù 나는 가지 않는다.

   * 또 다른 부정을 만드는 没 méi
     我没去过 wǒ méi qù guo 나는 가본 적이 없다.
     (有 yǒu/没有 méi yǒu 있다/없다)

3. 의문문 吗? ma?
   (본문 2과 학습 중국어 기본 어순 复习 fùxí 복습)
   [주어 + 형용사] + 吗? 你困吗? Nǐ kùn ma? 졸리니?
   [주어 + 동사] + 吗? 你看吗? Nǐ kàn ma? 보니?

문장 외워 말하기

너 안 바쁘니?

오늘 저녁에 만날 수 있니?

오늘 저녁 같이 먹을까?

문장 외워 말하기

你不忙吗?
Nǐ bù máng ma?

今晚可以见面吗?
Jīnwǎn kěyǐ jiànmiàn ma?

今晚要一起吃晚饭吗?
Jīnwǎn yào yìqǐ chī wǎnfàn ma?

~하지 않아요

왕대륙: 今晚要一起吃晚饭吗?
Jīnwǎn yào yìqǐ chī wǎn fàn ma?

소　영: 不好意思。
Bùhǎoyìsi.

不能一起吃晚饭,
Bù néng yìqǐ chī wǎn fàn,

今晚和朋友有约会。
Jīnwǎn hé péngyǒu yǒu yuēhuì.

왕대륙: 晚点儿回家吗?
Wǎndiǎnr huíjiā ma?

소　영: 不会很晚回家,
Búhuì hěnwǎn huíjiā,

吃完饭就回家。
chī wán fàn jiù huíjiā.

왕대륙: 那么要一起喝啤酒吗?
Nàme yào yìqǐ hē píjiǔ ma?

소　영: 不能一起喝啤酒。
Bùnéng yìqǐ hē píjiǔ.

왕대륙: 为什么?
Wèi shén me?

소　영: 我开车, 不能喝酒。
　　　　Wǒ kāi chē, bùnéng hējiǔ.

● 주요단어

要 yào 구하다, 요구하다, 원하다　不好意思 bùhǎoyìsi 미안하다, 부끄럽다, 멋쩍다
能 néng 할 수 있다, 가능하다　朋友 péngyǒu 친구　约会 yuēhuì 약속, 데이트
家 jiā 집　那么 nàme 그러면, 그렇다면　喝 hē 마시다　啤酒 píjiǔ 맥주
开车 kāichē 운전하다

학습

왕대륙: 今晚要一起吃晚饭吗?
Jīnwǎn yào yìqǐ chī wǎn fàn ma?
오늘 저녁에 같이 저녁 먹을까?

소 영: 不好意思。
Bùhǎoyìsi.
미안해.

不能一起吃晚饭,
Bùnéng yìqǐ chī wǎn fàn.
같이 저녁 먹을 수 없어.

今晚和朋友有约会。
Jīnwǎn hé péngyǒu yǒu yuēhuì.
오늘 저녁 친구와 약속이 있어.

왕대륙: 晚点儿回家吗?
Wǎndiǎnr huíjiā ma?
집에 늦게 들어가니?

소 영: 不会很晚回家,
Búhuì hěnwǎn huíjiā,
늦게 들어가지 않아.

吃完饭就回家。
Chī wán fàn jiù huíjiā.
밥먹고 바로 집으로 갈 거야.

왕대륙: 那么要一起喝啤酒吗?
Nàme yào yìqǐ hē píjiǔ ma?
그럼 같이 맥주 마실까?

소 영: 不能一起喝啤酒。
Bùnéng yìqǐ hē píjiǔ.
맥주 마실 수 없어.

왕대륙: 为什么?
Wèi shén me?
왜?

소 영: 我开车, 不能喝酒。
Wǒ kāi chē, bùnéng hējiǔ.
운전해. 술 마실 수 없어.

1. 能 néng ~할 수 있다. 해도 된다. 不能 bùnéng ~할 수 없다.

不能一起吃晚饭, 今晚和朋友有约会。
Bùnéng yìqǐ chī wǎnfàn, jīnwǎn hé pényǒu yǒu yuēhuì.
> 같이 저녁 먹을 수 없어. 오늘 저녁 친구와 약속이 있어.

我什么都能吃。
Wǒ shénme dōu néng chī.
> 나는 무엇이나 다 잘 먹을 수 있다.

2. (一) 点儿diǎnr/有点儿 yǒu diǎnr 조금

我要大一点儿的! Wǒyào dà yìdiǎnr de!

나는 조금 큰 것을 원해요! (긍정의 의미)

有点儿大。Yǒudiǎnr dà.

(생각보다) 조금 작다. (부정적 의미)

便宜一点儿吧。
Piányi yìdiǎnr ba.
> 조금 싸게 해 주세요.

有点儿贵。
Yǒu diǎnr guì.
> 조금 비싸요.

3. 不会很晚回家, 吃完饭就回家。

Búhuì hěnwǎn huíjiā, chī wán fàn jiù huíjiā.

늦게 들어가지 않아.   밥먹고 바로 집으로 갈 거야.

- 不会 búhuì 할 줄 모르다. 있을 수 없다. 할 리가 없다.
- 不能 bùnéng 할 수가 없다. 해서는 안 된다.

4. 为什么? Wèi shén me? 왜, 어째서?

= 怎么了? Zěnmele?   怎么啦 Zěnme la?

문장 외워 말하기

밥먹고 바로 집에 갈 거야.

맥주 마실 수 없어.

왜? 어째서?

운전해. 술을 마실 수 없어.

문장 외워 말하기

吃完饭就回家。
Chī wán fàn jiù huíjiā.

不能喝啤酒。
Bùnéng hēpíjiǔ.

为什么?
Wèi shén me?

我开车，不能喝酒。
Wǒ kāi chē, bùnéng hē jiǔ.

7 몇시에 집에 가요?

왕대륙: 今晚和朋友做什么?
Jīnwǎn hé péngyǒu zuò shén me?

소 영: 今晚6点和朋友在饭店见面。
Jīnwǎn 6 diǎn hé péngyǒu zài fàndiàn jiànmiàn.

왕대륙: 打算几点回家?
Dǎsuàn jǐdiǎn huíjiā?

소 영: 我打算8点左右回家。
Wǒ dǎsuàn 8diǎn zuǒyòu huíjiā.

왕대륙: 怎么回家?
Zěnme huí jiā?

소 영: 我要开车回家。
Wǒ yào kāi chē huí jiā.

왕대륙: 到家需要多长时间?
Dào jiā xū yào duō cháng shí jiān?

소 영: (从这儿到家) 要半个小时。
(Cóng zhèr dào jiā) Yào bàn gè xiǎoshí.

* 坐什么回家?
Zuò shénme huí jiā?

* 到家多久?
Dào jiā duō jiǔ?

和 hé ~와, ~랑 饭店 fàndiàn 식당 几点 jǐdiǎn 몇 시 打算 dǎsuàn 하려고 하다, 계획하다
左右 zuǒyòu 옆, 쯤, 좌우 怎么 zěnme 어떻게, 어째서 坐 zuò 앉다, 타다
什么 shénme 무엇 回家 huí jiā 집으로 돌아가다, 귀가하다
多久 duō jiǔ 얼마 동안, 오래 从 cóng 부터 ~到 dào 까지, 도착하다

학습

왕대륙: 今晚和朋友做什么?
Jīnwǎn hé péngyǒu zuò shénme?
오늘 저녁 친구와 무엇을 하니?

소 영: 今晚6点和朋友在饭店见面。
Jīnwǎn 6diǎn hé péngyǒu zài fàndiàn jiànmiàn.
오늘 저녁 6시에 식당에서 만나.

왕대륙: 打算几点回家?
Dǎsuàn jǐdiǎn huíjiā?
몇 시에 집에 갈 예정이니?

소 영: 我打算8点左右回家。
Wǒ dǎsuàn 8diǎn zuǒyòu huíjiā.
나는 8시쯤 집에 갈 생각이야.

왕대륙: 怎么回家。
Zěnme huí jiā.
어떻게 집에 가니?

소 영: 我要开车回家。
Wǒ yào kāichē huí jiā.
나 운전해서 집에 가.

왕대륙: 到家需要多长时间?
Dào jiā xū yào duō cháng shí jiān?
집까지 얼마나 걸리니?

소 영: (从这儿到家) 要半个小时。
(Cóng zhèr dào jiā) Yào bàn gè xiǎoshí.
(여기에서 집까지) 30분 걸려.

* 坐什么回家?

Zuò shénme huí jiā?

무엇을 타고 집에 가니?

* 到家多久?

Dào jiā duō jiǔ?

집까지 얼마나 걸려?

● 어법정리

1. 和 hé ~와, ~랑/跟 gēn~와, ~를 따라서/与 yǔ ~와, ~를 따라서

大家和我一起读。
Dàjiā hé wǒ yìqǐ dú.
나랑 같이 읽어요.

大家跟我一起读。
Dàjiā gēn wǒ yìqǐ dú.
나를 따라 읽으세요.

2. 从 cóng 부터 ~到 dào 도착하다

(从这儿到家)要半个小时。 (여기에서 집까지) 30분 걸린다.

(Cóng zhèr dào jiā) Yào bàn gè xiǎoshí.

- 从 cóng부터 ~到 dào 도착하다
- 这儿 zhèr 여기 这里 zhèlǐ 여기

3. 回家 huí jiā 집으로 돌아가다. 귀가하다/去 qù 가다

怎么回家? /坐什么回家? 집에 어떻게 가니?

Zěnme huí jiā /Zuò shénme huí jiā?

我要开车去餐厅。 나는 차로 식당에 간다.

Wǒ yào kāichē qù cān tīng.

去学校。Qù xué xiào. 학교에 간다.

집에 들어가는 것(귀가)을 제외하고, '간다'를 나타낼 때에는 去 qù를 사용한다.

4. 到家需要多长时间? 집까지 얼마나 걸리니?

Dào jiā xū yào duō cháng shí jiān?

到家多久? Dào jiā duō jiǔ? 집까지 얼마나 걸리니?

(从这儿到家) 要半个小时。(여기에서 집까지) 30분 걸려.

(Cóng zhèr dào jiā) Yào bàn gè xiǎoshí.

- 학교(学校) xué xiào

  마트(超市) chāo shì/지하철역(地铁站) dì tiě zhàn

  (从学校到家) 要半个小时。(Cóng xué xiào dào jiā)

  Yào bàngè xiǎoshí.

  (从超市到家) 要半个小时。(Cóng chāo shì dào jiā)

  Yào bàngè xiǎoshí.

  (从地铁站到家) 要半个小时。(Cóng dì tiě zhàn dào jiā)

  Yào bàngè xiǎoshí.

문장 외워 말하기

오늘 저녁 6시에 친구와 식당에서 만나.

나는 8시쯤 귀가할 예정이야.

어떻게 집에 가니? 무엇을 타고 가니?

집까지 가는 데 얼마나 걸리니?

문장 외워 말하기

今晚6点和朋友在饭店见面。
Jīnwǎn 6diǎn hé péngyǒu zài fàndiàn jiànmiàn.

我打算8点左右回家。
Wǒ dǎsuàn 8diǎn zuǒyòu huíjiā.

怎么回家?/坐什么回家?
Zěn me huí jiā?/zuò shén me huí jiā?

怎么去?/怎么走?
Zěn me qù?/Zěn me zǒu?

到家多久?
Dào jiā duō jiǔ?

• 어법정리

✔ 중국어 숫자

一 yī 일 二 èr 이 三 sān 삼 四 sì 사 五 wǔ 오

六 liù 육 七 qī 칠 八 bā 팔 九 jiǔ 구 十 shí 십

一百 yìbǎi 일백 一千 yìqiān 일천

一万 yíwàn 일만 一亿 yíyì 일억

단, 두 개, 두 명 등 양사 앞에서 개수를 나타낼 때는 二 èr 이 아닌 两 liǎng을 쓴다.

✔ 시각표현

- 上午 shàngwǔ 오전, 下午 xiàwǔ 오후

- 点 diǎn 시, 分 fēn 분

- 刻 kè 15분, 半 bàn 30분, 差 chà ~전

3시 10분	三点十分 sān diǎn shí fēn
3시 15분	三点十五分 sān diǎn shíwǔ fēn, 三点一刻 sān diǎn yí kè
3시 30분	三点三十分 sān diǎn sānshí fēn, 三点半 sān diǎn bàn
3시 45분	三点四十五分 sān diǎn sìshíwǔ fēn, 三点三刻 sāndiǎn sān kè, 差一刻四点 chà yí kè sì diǎn

8 와요, 안 와요?

왕대륙: 明天你去不去学校?
Míngtiān nǐ qùbúqù xuéxiào?

소 영: 我明天去学校。
Wǒ míngtiān qù xuéxiào.

황대륙: 几点上课呢?
Jǐdiǎn shàngkè ne?

소 영: 9点上课。
Jiǔdiǎn shàngkè.

왕대륙: 还有没有课?
Hái yǒuméiyǒu kè?

소 영: 没有课。
Méiyǒu kè.

왕대륙: 那么明天可不可以见面?
Nàme míngtiān kěbùkěyǐ jiànmiàn?

소 영: 当然可以。
Dāngrán kěyǐ.

下午1点怎么样?
Xiàwǔ yīdiǎn zěnmeyàng?

왕대륙: 好的。明天下午1点见!
Hǎode. Míngtiān xiàwǔ yīdiǎn jiàn!

●◆ 주요단어

去 qù 가다, 떠나다 学校 xuéxiào 학교 有 yǒu 가지고 있다, 소유하다
课 kè 수업, 강의 当然 dāngrán 당연하다, 당연히 下午 xiàwǔ 오후

학습

왕대륙: 明天你去不去学校?
　　　Míngtiān nǐ qùbúqù xuéxiào?
　　　내일 학교에 가니 안 가니?

소　영: 我明天去学校。
　　　Wǒ míngtiān qù xuéxiào.
　　　내일 학교 가.

황대륙: 几点上课呢?
　　　Jǐdiǎn shàngkè ne?
　　　몇 시 수업이니?

소　영: 9点上课。
　　　Jiǔdiǎn shàngkè.
　　　9시 수업이야.

왕대륙: 还有没有课?
　　　Hái yǒuméiyǒu kè?
　　　그리고 수업 있어, 없어?

소　영: 没有课。
　　　Méiyǒu kè.
　　　없어.

왕대륙: 那么明天可不可以见面?
　　　Nàme míngtiān kěbùkěyǐ jiànmiàn?
　　　내일 만날 수 있어, 없어?

소　영: 当然可以。
Dāngrán kěyǐ.
당연히 되지?

下午1点怎么样?
Xiàwǔ yīdiǎn zěnmeyàng?
오후 1시 어때?

왕대륙: 好的。明天下午1点见!
Hǎode。Míngtiān xiàwǔ yīdiǎn jiàn!
좋아. 내일 오후 1시에 보자!

● 어법정리

1. 明天你去不去学校? 내일 학교 가니, 안 가니
Míngtiān nǐ qùbúqù xuéxiào?
동사 + 不bú 같은 동사 = 의문문
(-吗 ma 없이도 의문문이 됨)
还有没有课? 그리고 수업 있니, 없니?
Háiyǒuméiyǒu kè?
吃不吃? Chībùchī? 밥 먹어, 안 먹어?

2. 几点上课呢? Jǐdiǎn shàngkè ne? 몇 시 수업이니?
几 Jǐ 몇 (수사) 주로 10 이하의 수를 물을 때 쓰임.
- 几点 Jǐdiǎn 몇 시/几个 jǐgè 몇 개

🅜장 외워 말하기

내일 학교 가니, 안 가니?

몇 시 수업이니?

그리고 수업이 있어, 없어?

당연히 되지!

🅜장 외워 말하기

明天, 你去不去学校?
Míngtiān nǐ qùbúqù xuéxiào?

几点上课呢?
Jǐdiǎn shàngkè ne?

还有没有课?
Háiyǒuméiyǒu kè?

当然可以!
Dāngrán kěyǐ!

9 하니, 안 하니?

왕대륙: 你明天学不学习?
Nǐ míngtiān xuébùxuéxí?

소 영: 学习。
Xuéxí.

왕대륙: 去不去图书馆?
Qùbúqù túshūguǎn?

소 영: 去图书馆。
Qù túshūguǎn.

왕대륙: 想不想一起学习?
Xiǎngbùxiǎng yìqǐ xuéxí?

소 영: 想一起学习。
Xiǎng yìqǐxuéxí.

왕대륙: 晚上有没有约会?
Wǎnshang yǒuméiyǒu yuēhuì?

소 영: 没有约。
Méiyǒuyuē.

왕대륙: 开不开车?
Kāibùkāichē?

소 영: 不开车。
Bùkāichē.

왕대륙: 一起吃饭喝啤酒行不行?
　　　　Yìqǐ chīfàn hē píjiǔ xíngbùxíng?

소　영: 行。
　　　　Xíng.

● 주요단어

学习 xuéxí 학습(하다), 공부(하다)　图书馆 túshūguǎn 도서관
开车 kāichē 운전하다　行 xíng 되다, 걷다, 보내다

학습

왕대륙: 你明天学不学习?
Nǐ míngtiān xuébùxuéxí?
내일 공부하니, 안 하니?

소 영: 学习。
Xuéxí.
공부해.

왕대륙: 去不去图书馆?
Qùbúqù túshūguǎn?
도서관 가니, 안 가니?

소 영: 去图书馆。
Qù túshūguǎn.
도서관 가.

왕대륙: 想不想一起学习?
Xiǎngbùxiǎng yìqǐxuéxí?
같이 공부하고 싶니, 아니니?

소 영: 想一起学习。
Xiǎng yìqǐxuéxí.
같이 공부하고 싶어.

왕대륙: 晚上有没有约会?
Wǎnshang yǒuméiyǒu yuēhuì?
저녁에 약속이 있어, 없어?

소 영: 没有约。
Méiyǒuyuē.
약속 없어.

왕대륙: 开不开车?

Kāibùkāichē?

운전해, 안 해?

소 영: 不开车。

Bùkāichē.

운전 안 해.

왕대륙: 一起吃饭喝啤酒行不行?

Yìqǐ chīfàn hēpíjiǔ xíngbùxíng?

같이 저녁먹고 맥주 마시는 것이 되니, 안 되니?

소 영: 行。

Xíng.

되지.

1. 你明天学不学习? Nǐ míngtiān xuébùxuéxí?

내일 공부하니, 안 하니?

学习。Xuéxí. 공부하다. 学xué 공부하다.

같은 뜻이지만, 学xué는 단독으로 사용할 수 없다.

学习汉语 xuéxíhànyǔ = 学汉语 xuéhànyǔ = 중국어 공부한다.

我在学习。Wǒzàixuéxí. 나는 공부한다. (○)

我在学。Wǒzàixué. 나는 공부한다. (×)

2. 去图书馆。Qù túshūguǎn.

~馆guǎn 손님을 접대하거나 묵게 하는 건물, 전시 건물

图书馆 túshūguǎn 도서관

宾馆 bīnguǎn 호텔

博物館 bówùguǎn 박물관

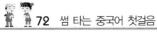

내일 공부하니, 안 하니?

도서관 가니, 안 가니?

운전하니, 안 하니?

같이 저녁 먹고 맥주 마시는 것이 되니, 안 되니?

你明天学不学习?
Nǐ míngtiān xuébùxuéxí?

去不去图书馆?
Qùbúqù túshūguǎn?

开不开车?
Kāibùkāichē?

一起吃饭喝啤酒行不行?
Yìqǐ chīfàn hēpíjiǔ xíngbùxíng?

돼요, 안 돼요?

왕대륙: 明天朋友也来吗?
Míngtiān péngyou yě láima?

소 영: 朋友也去。
Péngyou yě qù.

왕대륙: 我也跟朋友一起去, 行不行?
Wǒ yě gēn péngyou yìqǐ qù xíng bu xíng?

소 영: 好啊。
Hǎo a.

왕대륙: 我认不认识你朋友?
Wǒ rènbúrènshi nǐ péngyou?

소 영: 你认识我朋友。
Nǐ rènshi wǒ péngyou.

你见过他。
Nǐ jiànguo tā.

记不记得?
Jìbújìdé?

왕대륙: 不记得。
Bújìdé.

漂不漂亮?
Piào bú piào liang?

不算漂亮吧。
Búsuàn piào liang bā.

如果漂亮，我会记得的。
Rúguǒpiào liang, wǒ huì jìdé de.

주요단어

朋友 péngyou 친구　也 yě 또한, 게다가　和 hé ~와, ~랑　好 hǎo 좋다, 훌륭하다
认识 rènshi 알다, 인식하다　过 guo 방문하다, 지나다, 경험하다　记 jì 기억하다
漂亮 piào liang 예쁘다　如果 rúguǒ 만일, 만약

학습

왕대륙: 明天朋友也来吗?
Míngtiān péngyou yě láima?
내일 친구도 오니?

소 영: 朋友也去。
Péngyou yě qù.
친구도 가.

왕대륙: 我也跟朋友一起去, 行不行?
Wǒ yě gēn péngyou yìqǐ qù xíng bu xíng?
나도 친구와 같이 가는 것 되니, 안 되니?

소 영: 好啊。
Hǎo a.
좋지.

왕대륙: 我认不认识你朋友?
Wǒ rènbúrènshi nǐ péngyou?
내가 너의 친구를 알아, 몰라?

소 영: 你认识我朋友。
Nǐrènshi wǒ péngyou.
너는 내 친구 알아.

你见过她。
Nǐ jiànguo tā.
너는 그녀를 만난 적이 있어.

记不记得?
Jìbújìdé?
기억해, 기억 못 해?

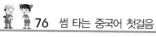

왕대륙: 不记得。

Bújìdé.

기억하지 못해.

漂不漂亮?

Piào bú piào liang?

이쁘니 안 이쁘니?

不算漂亮吧。

Búsuàn piào liang ba.

이쁜 편은 아니지.

如果漂亮, 我会记得的。

Rúguǒ piàoliang, wǒ huì jìdé de.

만약 이뻤다면, 나는 기억할 거야.

• 어법정리

1. 我也跟朋友一起去, 行不行?

나도 친구와 같이 가는 것 되니, 안 되니?

Wǒ yě gēn péngyou yìqǐ qù xíng bu xíng?

- 和 hé ~와, ~랑/跟 gēn~와, ~를 따라서/与 yǔ ~와, ~를 따라서

(和, 跟, 与 모두 같은 뜻으로 쓰이지만, 공식적인 문서에

서는 '与'를 쓴다.)

2. 你见过她。 Nǐ jiànguo tā. 너는 그녀를 만난 적이 있어.

- 过 guo 방문하다, 지나다, 경험하다

看过 kànguo 본 적이 있다.

去过 qùguo 간 적이 있다.

吃过 chīguo 먹은 적이 있다.

3. 不算漂亮吧。 Búsuàn piào liang ba.

- 不算 búsuàn ~편은 아니다, 문제삼지 않다, 세지 않다. (수량)

4. 如果漂亮, 我会记得的。 이뻤다면, 내가 기억할 거야.

Rúguǒ piàoliang, wǒ huì jìdé de.

=漂亮的话我会记得的。Piàoliang dehuà wǒ huì jìdé de.

문장 외워 말하기

나도 친구와 같이 가는 것 되니, 안 되니?

너는 그녀를 만난 적이 있어.

기억해, 기억 못 해?

만약 예뻤다면, 나는 기억할 거야.

문장 외워 말하기

我也跟朋友一起去，行不行？
Wǒ yě gēn péngyou yìqǐ qù xíng bu xíng?

你见过她。
Nǐ jiànguo tā.

记不记得？
Jìbújìdé?

如果漂亮，我会记得的。
Rúguǒ piàoliang, wǒ huì jìdé de.

11 저는 학생입니다

양양: 你叫什么名字?
Nǐjiào shénme míngzi?

현주: 你好,
Nǐ hǎo,

我是소영的朋友현주。
Wǒ shì 소영de péngyou 현주.

양양: 你好,
Nǐ hǎo,

我是왕대륙的朋友양양。
Wǒ shì 왕대륙de péngyou 양양.

认识你很高兴。
Rènshi nǐ hěngāoxìng.

你是学生吗?
Nǐ shì xuéshēng ma?

현주: 是, 我是学生。
Shì, wǒ shì xuéshēng.

양양: 我是公司职员。
Wǒ shì gōngsīzhíyuá.

你是哪里人?
Nǐ shì nǎlǐ rén?

소영: 我是韩国人。
Wǒ shì Hánguó rén.

양양: 我是上海人。
Wǒ shì Shànghǎi rén.

你几岁了。
Nǐ jǐsuì le.

소영: 我21岁。
Wǒ 21 suì.

양양: 我24岁。
Wǒ 24 suì.

* 你是哪国人?
Nǐ shì nǎguó rén?

주요단어

叫 jiào 부르다, 외치다　什么 shénme 무엇, 아무런　朋友 péngyou 친구, 벗
认识 rènshi 인식하다, 알다　学生 xuéshēng 학생　韩国人 Hánguó rén 한국인

학습

양양: 你叫什么名字?
Nǐ jiào shénme míngzi?
이름이 무엇입니까?

현주: 你好, 我是소영的朋友현주。
Nǐ hǎo, Wǒ shì 소영de péngyou 현주.
안녕하세요. 저는 소영이 친구 현주입니다.

양양: 你好。
Nǐ hǎo.
안녕하세요.

我是왕대륙的朋友양양。
Wǒ shì 왕대륙de péngyou 양양.
안녕하세요, 저는 왕대륙 친구 양양입니다.

认识你很高兴。
Rènshi nǐ hěngāoxìng.
알게 돼서 기쁩니다.

你是学生吗?
Nǐ shì xuéshēng ma?
당신은 학생입니까?

현주: 是, 我是学生。
Shì, wǒ shì xuéshēng.
네, 저는 학생입니다.

양양: 我是公司职员。
Wǒ shì gōngsīzhíyuán.
저는 회사원입니다.

你是哪里人?
Nǐ shì nǎlǐ rén?
당신은 어디 사람입니까?

현주: 我是韩国人。
Wǒ shì Hánguórén.
나는 한국인입니다.

양양: 我是上海人。
Wǒ shì Shànghǎi rén.
나는 상해사람입니다.

你几岁了。
Nǐ jǐsuì le?
몇 살인가요?

현주: 我21岁。
Wǒ 21 suì.
나는 21살입니다.

양양: 我24岁。
Wǒ 24 suì.
나는 24살입니다.

* 你是哪国人?
Nǐ shì nǎguó rén?
당신은 어느 나라 사람입니까?

1. 你叫什么名字? Nǐ jiào shénme míngzi? 이름이 무엇입니까?

   什么 shénme 무엇, 아무런

   这是什么? Zhè shì shénme? 이것은 무엇입니까?

   没什么。méi shénme. 아무것도 아닙니다.

2. 你是哪国人? 당신은 어느 나라 사람입니까?

   Nǐ shì nǎguó rén?

   哪里人 nǎlǐ rén 어느 곳의 사람

   哪国人 nǎguó rén 어느 나라 사람

3. 我是韩国人。Wǒ shì Hánguórén. 나는 한국인입니다.

   韩国人 Hánguórén 한국인/中国人 Zhōngguórén 중국인

   美国人 Měiguórén 미국인/日本人 Rìběnrén 일본인

4. 你几岁了? Nǐ jǐsuì le? 몇 살입니까?

   不好意思, Bùhǎoyìsi 你今年多大了? Nǐ jīnnián duōdàle?

   죄송합니다만, 올해 몇 살입니까?

   我21岁。Wǒ 21 suì. 21살입니다.

   我24岁。Wǒ 24 suì. 24살입니다.

◆ 중국의 숫자 나이 말해 보기

一 yī 일 二 èr 이 三 sān 삼 四 sì 사 五 wǔ 오

六 liù 육 七 qī 칠 八 bā 팔 九 jiǔ 구 十 shí 십

二十 èr shí 이십 三十 sān shí 삼십 四十 sì shí 사십

五十 wǔ shí 오십 六十 liù shí 육십 七十 qī shí 칠십

八十 bā shí 팔십 九十 jiǔ shí 구십

一百 yìbǎi 백 二百 èrbǎi 이백 两千 liǎngqiān 이천

문장 외워 말하기

이름이 무엇입니까?

나는 학생입니다.

어디 사람입니까?

나는 한국사람입니다.

몇 살입니까?

문장 외워 말하기

你叫什么名字?
Nǐ jiào shénme míngzi?

我是学生。
Wǒ shì xuéshēng.

你是哪里人?
Nǐ shì nǎlǐ rén?

我是韩国人。
Wǒ shì Hánguórén.

你几岁了?
Nǐ jǐsuì le?

12 신분, 직업 익히기

- 学生 xuésheng 专业 zhuānyè
- 几年级 jǐ niánjí (哪一级 nǎ yījí)
- 公司职员 gōngsīzhíyuán
- 职务工资 (zhíwù gōngzī) – 称呼 chēnghu
  - 회장: 董事长 dǒngshìzhǎng/会长 huìzhǎng
  - 사장: 社长 shèzhǎng/总经理 zǒngjīnglǐ/老板 lǎobǎn
  - 부장: 部长 bùzhǎng
  - 과장: 处长 chùzhǎng/科长 kēzhǎng/主任 zhǔrèn
- 公司职员 gōngsīzhíyuán/老师 lǎoshī/医生 yīshēng
- 护士 hùshi/秘书 mìshū/乘务员 chéngwùyuán 建筑师 jiànzhùshī
- 歌手 gēshǒu/演员 yǎnyuán/模特 mótè
- 作曲家 zuòqǔjiā/制片人 zhìpiànrén
- 教授 jiàoshòu/药剂师 yàojìshī/司机 sījī
- 厨师 chúshī/酒店经理 jiǔdiàn jīnglǐ
- 法官 fǎguān/检察官 jiǎncháguān
- 美容师 měiróngshī
- 动物美容师 dòngwù měiróngshī
- 动物饲养员 dòngwù sìyǎng yuán
- 设计师 shèjìshī/建筑师 jiànzhùshī

학습

学生 xuéshēng, 학생 专业 zhuānyè, 전공

- 几年级 jǐ niánjí (哪一级 nǎ yìjí) 학년
- 公司职员 gōngsīzhíyuán 회사원, 사원
- 职务工资 (zhíwù gōngzī) 직급-称呼 chēnghū 호칭
  - 회장: 董事长 dǒngshìzhǎng/会长 huìzhǎng
  - 사장: 社长 shèzhǎng/总经理 zǒngjīnglǐ/老板 lǎobǎn
  - 부장: 部长 bùzhǎng
  - 과장: 处长 chùzhǎng/科长 kēzhǎng/主任 zhǔrèn
- 公司职员 gōngsīzhíyuán 회사원
- 老师 lǎoshī 선생님/医生 yīshēng 의사
- 护士 hùshi 간호사/秘书 mìshū 비서
- 乘务员 chéngwùyuán 승무원
- 建筑师 jiànzhùshī 건축사/设计师 shèjìshī 설계사
- 歌手 gēshǒu 가수/演员 yǎnyuán 배우/模特 mótè 모델
- 作曲家 zuòqǔjiā 작곡가/制片人 zhìpiànrén 프로듀서
- 教授 jiàoshòu 교수/药剂师 yàojìshī 약사/司机 sījī 운전사
- 厨师 chúshī 요리사/酒店经理 jiǔdiàn jīnglǐ 호텔리어
- 法官 fǎguān 판사/检察官 jiǎncháguān 검사
- 美容师 měiróngshī 미용사
- 动物美容师 dòngwù měiróngshī 동물미용사
- 动物饲养员 dòngwù sìyǎng yuán 동물사육사

13 자기 소개하기

- 你好，我是 ○○○。
  Nǐ hǎo,wǒ shì ○○○.

- 我是大二学生。
  Wǒ shì dà èr xuéshēng.

- 今年23岁了。
  Jīnnián èr shí sān suì le.

- 我的专业是空乘专业。
  Wǒ de zhuānyè shì kōngchéng zhuānyè.

- 我家有五口人。
  Wǒ jiā yǒu wǔkǒurén.

- 有爸爸，妈妈，哥哥，姐姐和我。
  Yǒu bà·ba, māma, gēge, jiějie hé wǒ.

- 我住在首尔。
  Wǒ zhùzài Shǒu'ěr.

- 明年去中国。
  Míngnián qù Zhōngguó.

- 我想去中国公司工作。
  Wǒ xiǎng qù Zhōngguó gōngsī gōngzuò.

- 所以在努力学习中文。
  Suǒyǐ zài nǔlì xuéxí zhōngwén.

- 我喜欢运动。
  Wǒ xǐhuān yùndòng.

- 我喜欢动物。
  Wǒ xǐhuān dòngwù.

- 我喜欢唱歌。
  Wǒ xǐhuān chànggē.

- 我的爱好是读书。
  Wǒ de àihào shì dúshū.

 주요단어

今年 jīnnián 올해 ~口人 kǒurén 가족 수 住在 zhùzài ~살다 首尔 Shǒu'ěr 서울
公司 gōngsī 회사 工作 gōngzuò 직업, 일하다 所以 suǒyǐ 그러니
努力 nǔlì 노력하다 喜欢 xǐhuān 즐겁다, 좋아하다 动物 dòngwù 동물
爱好 àihào 취미 读 dú 읽다

 **학습**

- 你好, 我是 ○○○。
  Nǐ hǎo, wǒ shì ○○○.
  안녕하세요, 저는 ○○○ 입니다.

- 我是大二学生。
  Wǒ shì dà èr xuéshēng.
  대학교 2학년입니다.

- 今年23岁了。
  Jīnnián èr shí sān suì le.
  올해 23살입니다.

- 我的专业是空乘专业。
  Wǒ de zhuānyè shì kōngchéng zhuānyè.
  나의 전공은 항공승무원입니다.

- 我家有五口人。
  Wǒ jiā yǒu wǔkǒurén.
  우리 가족은 5명입니다.

- 有爸爸, 妈妈, 哥哥, 姐姐和我。
  Yǒu bàba, māma, gēge, jiějie hé wǒ.
  아빠, 엄마, 오빠, 언니 그리고 나입니다.

- 我住在首尔。
  Wǒ zhùzài Shǒu'ěr.
  나는 서울에 살고 있습니다.

- 明年去中国。
  Míngnián qù Zhōngguó.
  내년에 중국을 갑니다.

- 我想去中国公司工作。
  Wǒ xiǎng qù Zhōngguó gōngsī gōngzuò.
  나는 중국에서 일하기를 바랍니다.

- 所以在努力学习中文。
  Suǒyǐzài nǔlì xuéxí zhōngwén.
  그래서 열심히 중국어 공부를 하고 있습니다.

- 我喜欢运动。
  Wǒ xǐhuān yùndòng.
  나는 운동을 좋아합니다.

- 我喜欢动物。
  Wǒ xǐhuān dòngwù.
  나는 동물을 좋아합니다.

- 我喜欢唱歌。
  Wǒ xǐhuān chànggē.
  나는 노래하는 것을 좋아합니다.

- 我的爱好是读书。
  Wǒ de àihào shì dúshū.
  나의 취미는 독서입니다.

• 어법정리

1. 我是大二学生。나는 대학교 2학년입니다.

Wǒ shì dà èr xuéshēng.

大二 dà èr 대학교 2학년

= 大学2年级了。Dàxué 2 niánjí le. 대학교 2학년입니다.

- 你是几年级? Nǐ shì jǐniánjí? 몇 학년입니까?

2. 今年23岁了。Jīnnián èr shí sān suì le. 올해 23살입니다.

去年 qùnián 작년 今年 jīnnián 올해 明年 míngnián 내년

后年 hòunián 내후년

昨天 zuótiān 어제 今天 jīntiān 오늘 明天 míngtiān 내일

后天 hòuti 내일 모레

문장 외워 말하기

안녕하세요. 저는 ○○○ 입니다.

올해 23살입니다.

우리 가족은 5명입니다.

나는 노래하는 것을 좋아합니다.

문장 외워 말하기

你好, 我是 ○○○。
Nǐ hǎo, wǒ shì ○○○.

今年23岁了。
Jīnnián èr shí sān suì le.

我家有五口人。
Wǒ jiā yǒu wǔkǒurén.

我喜欢唱歌。
Wǒ xǐhuān chànggē.

14 우리 피자 먹어요

양양: 你喜欢什么菜?
Nǐ xǐhuan shénme cài?

현주: 我都喜欢。
Wǒ dōu xǐhuan.

양양: 那我们吃披萨怎么样?
Nà wǒmen chī pīsà zěnmeyàng?

也有很多麻辣烫, 火锅, 麻辣香锅饭店。
yě yǒu hěnduō málàtàng, huǒguō, málàxiāngguō fàndiàn.

你吃辣的吗?
Nǐ chī là de ma?

현주: 我不仅喜欢吃辣的,
Wǒ bùjǐn xǐhuan chī là de,

而且喜欢吃所有的菜。
Érqiě xǐhuan chī suǒyǒu de cài.

양양: 吃披萨还是吃火锅?
Chī pīsà háishì chī huǒguō?

请给我披萨和可乐。
Qǐng gěi wǒ pīsà hé kělè.

一共多少钱?
Yígòng duōshǎo qián?

피자가게 점원: 一共78元。
          Yígòng qī shí bā yuán.

양양: 给你80块钱。
      Gěi nǐ bā shí kuài qián.

피자가게 점원: 找您2 (两) 块。
          Zhǎo nín liǎng kuài.

 주요단어

都 dōu 모두 披萨 pīsà 피자 麻辣烫 málàtàng 마라탕 火锅 huǒguō 훠궈
辣 là 맵다 给 gěi 주다 不仅 bùjǐn… ~뿐만 아니라 而且 érqiě ~뿐만 아니라, 게다가
还是 háishì 또는, 아니면 可乐 kělè 콜라 一共 yīgòng 모두, 전부 元 yuán 위엔
找 zhǎo 찾다, 구하다

학습

양양: 你喜欢什么菜?
Nǐ xǐhuān shénme cài?
너는 무슨 음식 좋아하니?

현주: 我都喜欢。
Wǒ dōu xǐhuan.
나는 다 좋아해.

양양: 那我们吃披萨怎么样?
Nà wǒmen chī pīsà zěnmeyàng?
그럼 우리 피자먹는 것 어때?

也有很多麻辣烫, 火锅, 麻辣香锅饭店。
Yě yǒu hěnduō málàtàng, huǒguō, málàxiāngguō fàndiàn.
마라탕, 훠궈, 마라샹궈식당도 매우 많아.

你吃辣的吗?
Nǐ chī là de ma?
너 매운 것 먹니?

현주: 我不仅喜欢吃辣的,
Wǒ bùjǐn xǐhuan chīlàde,
나는 매운 것을 좋아할 뿐 아니라,

而且喜欢吃所有的菜。
Érqiě xǐhuan chī suǒyǒu de cài.
게다가 모든 음식 먹는 것을 좋아해.

양양: 吃披萨还是吃火锅?
Chī pīsà háishì chī huǒguō?
피자먹을까 아니면 훠궈먹을까?

请给我披萨和可乐。

Qǐng gěi wǒ pīsà hé kělè.

피자와 콜라 주세요.

一共多少钱?

Yígòng duōshǎo qián?

모두 얼마입니까?

피자가게 점원: 一共78元。

Yígòng qī shí bā yuán.

모두 78원입니다.

양양: 给你80块钱。

Gěi nǐ bā shí kuài qián.

80원 드릴게요.

피자가게 점원: 找您2（两）块。

Zhǎo nín liǎngkuài.

2원 거스름돈입니다.

어법정리

1. 你吃辣的吗? Nǐ chī là de ma? 매운 것을 먹나요?
   辣 là 맵다/咸 xián 짜다/甜 tián 달다/酸 suān 시다

2. 我不仅喜欢吃辣的, Wǒ bùjǐn xǐhuan chī là de,
   나는 매운 것을 좋아할 뿐 아니라,
   而且喜欢吃所有的菜。 게다가 모든 음식 먹는 것을 좋아해.
   Érqiě xǐhuan chī suǒyǒu de cài.
   不仅bùjǐn…而且 érqiě ~뿐만 아니라, 게다가
   她不仅漂亮而且善良。 그녀는 이쁘기만 할 뿐만 아니라, 착해.
   Tā bùjǐn piàoliàng érqiě shànliáng.

3. 화폐 종류
   美元 měiyuán 미국달러
   韩元 hányuán/韩币 hánbì 원화
   人民币 rénmínbì 인민폐
   欧元 ōuyuán 유로
   日元 rìyuán 일본 엔화
   * 현금 现金 xiànjīn 신용카드 信用卡 xìnyòngkǎ
     영수증 发票 fāpiào

문장 외워 말하기

너는 무슨 음식 좋아하니?

나는 다 좋아해.

피자와 콜라 주세요.

모두 얼마입니까?

문장 외워 말하기

你喜欢什么菜?
Nǐ xǐhuān shénme cài?

我都喜欢。
Wǒ dōu xǐhuan.

请给我披萨和可乐。
Qǐng gěi wǒ pīsà hé kělè.

一共多少钱?
Yígòng duōshǎo qián?

15 음식 이야기

- 中国菜 zhōngguócài/中餐 zhōngcān
- 意大利菜 yìdàlìcài/日本菜 rìběncài
- 韩国菜 hánguócài/韩国料理 hánguóliàolǐ/韩餐 háncān
- 水果 shuǐguǒ/苹果 píngguǒ/橙子 chéngzi
- 米饭 mǐfàn/面条 miàntiáo
- 馒头 mántou/包子 bāozi/饺子 jiǎozi/蔬菜 shūcài
- 鸡蛋炒饭 jīdànchǎofàn/蛋炒饭 dànchǎofàn
- 炒菜 chǎo cài/炒茄子 chǎo qiézi
- 牛肉 niúròu/猪肉 zhūròu/鸡肉 jīròu/鸭肉 yāròu/鱼肉 yúròu
- 蒸 zhēng/烤菜 kǎocài
- 油炸食品 yóuzháshípǐn/生的 shēngde
- 汉堡包 hànbǎobāo/意大利面 Yìdàlìmiàn/披萨 pīsà
- 麦当劳 Màidāngláo/肯德基 Kěndéjī/星巴克 Xīngbākè
- 美式咖啡 měishìkāfēi/冰美式咖啡 bīngměishìkāfēi
- 拿铁咖啡 nátiěkāfēi/牛奶咖啡 niúnǎikāfēi
- 海盐咖啡 hǎiyánkāfēi/牛奶 niúnǎi（奶粉 nǎifěn）
- 浓缩咖啡 nóngsuōkāfēi/卡布奇诺 kǎbùqínuò
- 焦糖玛琪朵 jiāotángmǎqíduǒ/摩卡咖啡 mókākāfēi
- 面包 miànbāo/卷饼 juǎnbǐng

- 中国菜 zhōngguócài/中餐 zhōngcān 중국음식
- 意大利菜 yìdàlìcài 이탈리아음식/日本菜 rìběncài 일본음식
- 韩国菜 hánguócài 한국음식 = 韩国料理 hánguóliàolǐ = 韩餐 háncān
- 水果 shuǐguǒ 과일/苹果 píngguǒ 사과/橙子 chéngzi 오렌지
- 米饭 mǐfàn 흰쌀밥/面条 miàntiáo 면
- 馒头 mántou 만두/包子 bāozi 만두/饺子 jiǎozi 교자
- 鸡蛋炒饭 jīdànchǎofàn 오므라이스/蛋炒饭 dànchǎofàn 계란볶음밥
- 蔬菜 shūcài 채소/炒菜 chǎo cài 볶음/炒茄子 chǎo qiézi 가지볶음
- 牛肉 niúròu 소고기/猪肉 zhūròu 돼지고기
- 鸡肉 jīròu 닭고기/鸭肉 yāròu 오리고기/鱼肉 yúròu 생선
- 蒸 zhēng 찜/烤菜 kǎocài 구운 요리
- 油炸食品 yóuzháshípǐn 튀김/生的 shēngde 생것
- 汉堡包 hànbǎobāo 햄버거
- 意大利面 Yìdàlìmiàn 스파게티/披萨 pīsà 피자
- 麦当劳 Màidāngláo 맥도날드/肯德基 Kěndéjī KFC/星巴克 xīngbākè 스타벅스
- 美式咖啡 měishìkāfēi 아메리카노 冰美式咖啡 bīngměishìkāfēi 아이스 아메리카노
- 拿铁咖啡 nátiěkāfēi/牛奶咖啡 niúnǎikāfēi 카페 라테

- 海盐咖啡 hǎiyánkāfēi 소금커피
- 牛奶 niúnǎi 우유 (奶粉 nǎifěn 분유)
- 浓缩咖啡 nóngsuōkāfēi 에스프레소/卡布奇诺 kǎbùqínuò 카푸치노
- 摩卡咖啡 mókǎkāfēi 카페모카
- 焦糖玛琪朵 jiāotángmǎqíduǒ 캐러멜 마키아토
- 面包 miànbāo 빵/卷饼 juǎnbǐng 타코

16 이것은 ~무엇입니까?

현 주: 这是什么?
Zhè shì shénme?

점 원: 这是菜单。
Zhè shì càidān.

这里有可乐, 果汁, 雪碧, 咖啡。
Zhèlǐ yǒu kělè, guǒzhī, xuěbì, kāfēi.

현 주: 那是什么?
Nà shì shénme?

점 원: 那是沙拉。
Nà shì shālā.

현 주: 吃了很多,
Chīle hěnduō,

我吃饱了。
Wǒ chībǎole.

왕대륙: 出去一起走走。
Chūqù yìqǐ zǒuzou.

这是卖什么的地方?
Zhè shì mài shénme de dìfang?

현 주: 这里有衣服和鞋子。
Zhèlǐ yǒu yīfu hé xiézi.

왕대륙: 这是什么?
zhè shì shénme?

점 원: 这是裙子。
Zhè shì qúnzi.

왕대륙: 多少钱?
Duōshaoqián?

太大了, 有小一点儿的吗? 还有其他颜色吗?
Tài dà le, Yǒu xiǎo yī diǎnr dema? Háiyǒu qítā yánsè ma?

점 원: 有黑色, 蓝色, 黄色。
Yǒu hēisè, lánsè, huángsè.

哪个好?
Nǎge hǎo?

* 我吃饱了。
Wǒ chībǎole.

주요단어

这是 zhè shì 이것 菜单 càidān 메뉴 可乐 kělè 콜라 果汁 guǒzhī 주스
沙拉 shālā 샐러드 卖 mài 팔다 地方 difang 지방, 곳 衣服 yīfu 옷 鞋子 xiézi 신발
裙子 qúnzi 바지 黑色 hēisè 검정 蓝色 lánsè 파랑 黄色 huángsè 노랑

학습

현 주: 这是什么?
Zhè shì shénme?
이것은 무엇입니까?

점 원: 这是菜单。
Zhè shì càidān.
이것은 메뉴입니다.

这里有可乐, 果汁, 雪碧, 咖啡。
Zhèli yǒu kělè, guǒzhī, xuěbì, kāfēi.
여기 콜라, 주스, 사이다, 커피 있습니다.

현 주: 那是什么?
Nà shì shénme?
저것은 무엇입니까?

점 원: 那是沙拉。
Nà shì shālā.
저것은 샐러드입니다.

현 주: 吃了很多。
Chīle hěnduō.
많이 먹었어.

我吃饱了。
Wǒ chībǎole.
배불러.

왕대륙: 出去一起走走。
Chūqù yìqǐ zǒuzou.
나가서 좀 걷자.

这是卖什么的地方?

Zhè shì mài shénme de dìfang?

여기는 무엇을 파는 곳입니까?

현 주: 这里有衣服和鞋子。

Zhèli yǒu yīfu hé xiézǐ.

여기는 옷과 신발이 있습니다.

왕대륙: 这是什么?

zhè shì shénme?

이것은 무엇입니까?

점 원: 这是裙子。

Zhè shì qúnzi.

이것은 바지입니다.

왕대륙: 多少钱?

Duōshaoqián?

얼마입니까?

太大了, 有小一点儿的吗?

Tài dà le, Yǒu xiǎo yīdiǎnr de ma?

너무 커요, 작은 것이 있나요?

还有其他颜色吗?

Hái yǒuqítā yánsè ma?

다른 색이 있나요?

점 원: 有黑色, 蓝色, 黄色。

Yǒu hēisè, lánsè, huángsè.

검은색, 파란색, 노란색이 있습니다.

哪个好?

Nǎge hǎo?

어느 것이 좋은가요?

* 我吃饱了。

Wǒ chībǎole.

배가 부르다.

● 어법정리

1. 这是什么? zhè shì shénme? 이것은 무엇입니까?

- 这是 zhè shì 이것/那是 nà shì 저것/哪 nǎ 어느

2. 出去一起走走。Chūqù yìqǐ zǒuzou. 나가서 같이 걷자.

- 出 chū 나가다, 참석하다.

- 走 zǒu 가다, 걷다.

- 走走 zǒuzou 산책하다, 왔다 갔다 하다.

3. 这是卖什么的地方? 이것은 무엇을 파는 곳인가요?

Zhè shì mài shénme de dìfang?

- 卖 mài 팔다, 판매하다/买 mǎi 사다

성조에 따라 '사다'와 '팔다'로 구분이 되므로 성조에 주의

해야 한다.

- 地方 Dìfang 지방, 곳

문장 외워 말하기

이것은 무엇입니까?

저것은 무엇입니까?

배불러.

얼마입니까?

어느 것이 좋은가요?

문장 외워 말하기

这是什么?
Zhè shì shénme?

那是什么?
Nà shì shénme?

吃饱了。
Chībǎole.

多少钱?
Duōshaoqián?

哪个好?
Nǎgehǎo?

17 이것은 ~입니다

점 원: 这是包。
Zhè shì bāo.

왕대륙: 是什么牌子?
Shì shénme páizi?

有大一点儿的吗?
Yǒu dà yīdiǎnr de ma?

多少钱?
Duōshaoqián?

太贵了。
Tài guì le.

可以便宜点儿吗?
Kěyǐ piányi diǎnr ma?

便宜一点儿吧!
Piányi yīdiǎnr ba!

점 원: 这是发票。
Zhè shì fāpiào.

包很适合你。
Bāo hěn shìhé nǐ.

* 是什么品牌?
Shì shénme pǐnpái?

● 주요단어

包 bāo 싸매다, 가방　牌子 páizi 팻말, 상표　品牌 pǐnpái 상표, 브랜드
贵 guì 비싸다　便宜 piányi 싸다　发票 fāpiào 영수증　适合 shìhé 알맞다, 적절하다

현 주: 其他还有需要的吗?
Qítā háiyǒu xūyào de ma?

왕대륙: 因为要回中国，所以想给家人带礼物。
Yīnwèi yào huí Zhōngguó, Suǒyǐ xiǎng gěi jiārén dài lǐwù.

韩国什么比较有名?
Hánguó shénme bǐjiào yǒumíng?

현 주: 韩国的化妆品，红参，面膜都很有名。
Hánguó de huàzhuāngpǐn, hóngshēn, miànmó dōu hěn yǒumíng.

韩国化妆品又便宜质量又好。
Hánguó huàzhuāngpǐn yòu piányi zhìliàng yòu hǎo.

我给你推荐一下。
Wǒ gěi nǐ tuījiàn yíxià.

왕대륙: 谢谢。
Xièxie.

* 还需要其他的吗?
Hái xūyào qítāde ma?

* 韩国有名的特产是什么?
Hánguó yǒumíng de tèchǎn shì shénme?

주요단어

其他 qítā 기타　需要 xūyào 요구되다, 필요로 하다　带 dài 벨트, 지니다
比较 bǐjiào 비교적　特产 tèchǎn 특산　有名 yǒumíng 유명하다
化妆品 huàzhuāngpǐn 화장품　红参 hóngshēn 홍삼　面膜 miànmó 마스크팩
推荐 tuījiàn 추천하다

학습

점 원: 这是包。
Zhè shì bāo.
이것은 가방입니다.

왕대륙: 是什么牌子?
Shì shénme páizi?
이것은 무슨 상표입니까?

有大一点儿的吗?
Yǒu dà yìdiǎnr de ma?
조금 큰 것이 있나요?

多少钱?
Duōshaoqián?
얼마입니까?

太贵了。
Tài guì le.
너무 비싸요.

可以便宜点儿吗?
Kěyǐ piányi diǎnr ma?
조금 싸게 될까요?

便宜一点吧!
Piányi yīdiǎnr ba!
깎아주세요!

점 원: 这是发票。
Zhè shì fāpiào.
여기 영수증입니다.

包很适合你。
Bāo hěn shìhé nǐ.
가방이 손님과 잘 어울립니다.

* 是什么品牌?
Shì shénmepǐnpái?
이것은 무슨 상표입니까?

현 주: 其他还有需要的吗?

Qítā háiyǒu xūyào de ma?

다른 것 더 필요한 것이 있니?

왕대륙: 因为要回中国, 所以想给家人带礼物。

Yīnwèi yào huí zhōngguó, Suǒyǐ xiǎng gěi jiārén dài lǐwù.

중국으로 돌아가기 때문에, 그래서 가족들에게 줄 선물을 가지고 가고 싶어.

韩国什么比较有名?

Hánguó shénme bǐjiào yǒumíng?

한국은 비교적 무엇이 유명해?

현 주: 韩国的化妆品, 红参, 面膜都很有名。

Hánguó de huàzhuāngpǐn, hóngshēn, miànmó dōu hěn yǒumíng.

한국화장품, 홍삼, 마스크팩 모두 유명해.

韩国化妆品又便宜质量又好。

Hánguó huàzhuāngpǐn yòu pián·yi zhìliàng yòu hǎo.

한국의 화장품은 싸기도 하고 품질도 좋아.

我给你推荐一下。

Wǒ gěinǐ tuījiàn yíxià.

내가 추천해 줄게.

왕대륙: 谢谢!

Xièxie!

고마워!

* 还需要其他的吗?

Hái xūyào qítāde ma?

그리고 다른 것 필요한 것이 있나요?

* 韩国有名的特产是什么?

Hánguó yǒumíng de tèchǎn shì shénme?

한국의 유명한 특산품은 무엇인가요?

어법정리

1. 因为要回中国，所以想给家人带礼物。

중국으로 돌아가기 때문에, 그래서 가족들에게 줄 선물을

가지고 가고 싶어.

Yīnwèi yào huí Zhōngguó, suǒyǐ xiǎng gěi jiārén dài lǐwù.

因为 yīnwèi ~때문에 所以 suǒyǐ 그래서

因为下雨了，所以道路很滑。

비가 내리기 때문에, 그래서 길이 미끄럽다.

Yīnwèi xiàyǔ le, suǒyǐ dàolù hěn huá.

2. 韩国化妆品又便宜质量又好。

한국의 화장품은 싸기도 하고 품질도 좋다.

Hánguó huàzhuāngpǐn yòu piányi zhìliàng yòu hǎo.

- 又 yòu ~又 yòu ~하기도 하고 ~하기도 하다.

中国水果又便宜又好吃。 중국의 과일은 싸기도 하고 맛도 좋다.

Zhōngguó shuǐguǒ yòu piányí yòu hǎochī.

문장 외워 말하기

이것은 가방입니다.

조금 큰 것이 있나요?

너무 비싸요.

다른 것 더 필요한 것이 있니?

문장 외워 말하기

这是包。
Zhè shì bāo.

有大一点儿的吗?
Yǒu dà yìdiǎnr de ma?

太贵了。
Tài guì le.

其他还有需要的吗?
Qítā háiyǒu xūyào de ma?

18 좋아하는 것들

현 주: 什么时候回中国?
Shénme shíhou huí Zhōngguó?

왕대륙: 下周回去。
Xiàzhōu huí qù.

현 주: 给家人买礼物了吗?
Gěi jiārén mǎi lǐwù le ma?

왕대륙: 今天要买家人的礼物。
Jīntiān yào mǎijiā rén de lǐwù.

爸爸喜欢手表。
Bàba xǐhuan shǒubiǎo.

妈妈喜欢茶和咖啡。
Māma xǐhuan chá hé kāfēi.

姐姐喜欢韩国的衣服。
Jiějie xǐhuan Hánguó de yīfu.

妹妹喜欢韩国化妆品。
Mèimei xǐhuan Hánguó huàzhuāngpǐn.

你喜欢什么?
Nǐ xǐhuān shénme?

현 주: 我喜欢中国菜。
Wǒ xǐhuān Zhōngguó cài.

其中, 最喜欢川菜。
Qízhōng, Zuì xǐhuān chuāncài.

而且我喜欢在中国坐火车旅行。
Érqiě wǒ xǐhuān zài Zhōngguó zuò huǒchē lǚxíng.

你喜欢什么？
Nǐ xǐhuān shénme?

왕대륙: 我喜欢包括你在内的韩国的一切。
Wǒ xǐhuān bāokuò nǐ zàinèi de Hánguó de yíqiè.

 주요단어

什么时候 shénme shíhou 언제　给 Gěi 주다　礼物 lǐwù 선물　手表 shǒubiǎo 시계
茶 chá 차　其中 qízhōng 그중　最 zuì 제일　川菜 chuāncài 사천요리
包括 bāokuò 포함하다

 **학습**

현　주: 什么时候回中国?
Shénme shíhou huí Zhōngguó?
언제 중국 돌아가니?

왕대륙: 下周回去。
Xiàzhōu huíqù.
다음주에 돌아가.

현　주: 给家人买礼物了吗?
Gěi jiārén mǎi lǐwù le ma?
가족에게 줄 선물은 샀니?

왕대륙: 今天要买家人的礼物。
Jīntiān yào mǎijiā rén de lǐwù.
오늘 가족들의 선물을 사려고 해.

爸爸喜欢手表。
Bàba xǐhuan shǒubiǎo.
아빠는 손목시계를 좋아하셔.

妈妈喜欢茶和咖啡。
Māma xǐhuan chá hé kāfēi.
엄마는 차와 커피를 좋아하셔.

姐姐喜欢韩国的衣服。
Jiějie xǐhuan Hánguó de yīfu.
누나는 한국 옷을 좋아해.

妹妹喜欢韩国化妆品。
Mèimei xǐhuan Hánguó huàzhuāngpǐn.
여동생은 한국의 화장품을 좋아해.

你喜欢什么?

Nǐ xǐhuān shénme?

너는 무엇을 좋아하니?

현 주: 我喜欢中国菜。

Wǒ xǐhuān Zhōngguó cài.

나는 중국음식을 좋아해.

其中, 最喜欢川菜。

Qízhōng, zuì xǐhuān chuāncài.

그중, 사천요리를 제일 좋아해.

而且我喜欢在中国坐火车旅行。

Érqiě wǒ xǐhuān zài Zhōngguó zuò huǒchē lǚxíng.

뿐만 아니라, 중국 기차여행을 좋아해.

你喜欢什么?

Nǐ xǐhuān shénme?

너는 무엇을 좋아하니?

왕대륙: 我喜欢包括你在内的韩国的一切。

Wǒ xǐhuān bāokuò nǐ zàinèi de Hánguó de yíqiè.

나는 너를 포함한 한국의 모든 것을 좋아해.

어법정리

1. 下周回去。Xiàzhōu huí qù. 다음 주에 돌아간다.

- 下周 xiàzhōu 다음 주

　这周 zhèzhōu/本周 běnzhōu 이번 주

　上周 shàngzhōu 저번 주

2. 今天要买家人的礼物。오늘 가족들의 선물을 사려고 해.

　Jīntiān yào mǎi jiārén de lǐwù.

- 今天 jīntiān 오늘 /昨天 zuótiān 어제

　明天 míngtiān 내일/后天 hòutiān 내일모레

3. 而且我喜欢在中国坐火车旅行。뿐만 아니라 나는 중국기차 여행을 좋아해.

　Érqiě wǒ xǐhuān zài Zhōngguó zuò huǒchē lǚxíng.

- 而且 érqiě 게다가, 뿐만 아니라

　不但雪下得大, 而且很冷。눈이 많이 내리고 뿐만 아니라 매우 춥다.

　Búdàn xuěxià de dà, érqiě hěnlěng.

문장 외워 말하기

언제 중국에 돌아가니?

아빠는 손목시계를 좋아하셔.

너는 무엇을 좋아하니?

뿐만 아니라, 중국 기차여행을 좋아해.

문장 외워 말하기

什么时候回中国?
Shénme shíhou huí Zhōngguó?

爸爸喜欢手表。
Bàba xǐhuan shǒubiǎo.

你喜欢什么?
Nǐ xǐhuān shénme?

而且我喜欢在中国坐火车旅行。
Érqiě wǒ xǐhuān zài Zhōngguó zuò huǒchē lǚ xíng.

19 당신은 어디에 가나요?

동료: 你下班了吗?
Nǐ xiàbānle ma?

양양: 嗯, 下班了。
En. xiàbānle.

동료: 直接回家吗?
Zhíjiē huíjiā ma?

양양: 不, 今天有约会。
Bù, Jīntiān yǒu yuēhuì.

동료: 去哪里呢?
Qù nǎlǐ ne?

양양: 我今天去见현주。
Wǒ jīntiān qù jiàn 현주.

동료: 在哪里见현주?
Zài nǎlǐ jiàn 현주?

양양: 我要到현주那儿去。
Wǒ yào dào 현주 nàr qù.

她在等我。
Tā zài děng wǒ.

동료: 所以你那么高兴。
Suǒyǐ nǐ nàme gāoxìng.

주요단어

嗯 en 네, 응 直接 Zhíjiē 직접, 바로 约会 yuēhuì 약속
那么 nàme 그렇게 高兴 gāoxìng 좋아하다, 기뻐하다

학습

동료: 你下班了吗?
Nǐ xiàbānle ma?
너 퇴근하니?

양양: 嗯, 下班了。
En, xiàbānle.
응! 퇴근해!

동료: 直接回家吗?
Zhíjiē huíjiā ma?
바로 집으로 가니?

양양: 不, 今天有约会。
Bù, jīntiān yǒu yuēhuì.
아니, 오늘 약속이 있어.

동료: 去哪里呢?
Qù nǎlǐ ne?
어디로 가니?

양양: 我今天去见현주。
Wǒ jīntiān qù jiàn 현주.
나 오늘 현주 만나러 가.

동료: 在哪里见현주?
Zài nǎlǐ jiàn 현주?
어디서 현주를 만나니?

양양: 我要到현주那儿去。
Wǒ yào dào 현주 nàr qù.
내가 현주 있는 곳으로 가.

她在等我。
Tā zài děng wǒ.
그녀가 기다리고 있어.

동료: 所以你那么高兴。
Suǒyǐ nǐ nàme gāoxìng.
그래서 그렇게 즐겁구나.

• 어법정리

1. 你下班了吗? Nǐ xiàbānle ma? 퇴근하니?

- 下班 xiàbān 퇴근하다, 퇴근 =下班(儿) xiàbān(r)

- 上班 shàngbān 출근하다, 출근 (上下班 출퇴근)

2. 去哪里呢? Qù nǎlǐ ne? 어디로 가니?

- 哪 nǎ 어느, 어떤, 어디 =哪 (儿) nǎ (r)

3. 我今天去见현주。 나는 오늘 현주 만나러 가.

Wǒ jīntiān qù jiàn 현주.

- 去 qù 가다 来 lái 오다

4. 她在等我。 그녀는 나를 기다리고 있다.

Tā zài děng wǒ.

- 等 děng 기타, 기다리다 = 等等, 等(一)等(yi)

문장 외워 말하기

너 퇴근하니?

어디로 가니?

나는 오늘 현주 만나러 가.

문장 외워 말하기

你下班了吗?
Nǐ xiàbānle ma?

去哪里呢?
Qù nǎlǐ ne?

我今天去见현주。
Wǒ jīntiān qù jiàn 현주.

20 ~갑니다

양양: 我去见현주。
Wǒ qù jiàn 현주.

我要去현주那儿。
Wǒ yào qù 현주 nàr.

从这儿到현주那儿坐地铁大概需要20分钟。
Cóng zhèr dào현주 nàr zuò dìtiě dàgài xūyào èr shí fēnzhōng.

去她那儿的时候顺便见见현주的朋友소영。
Qù tā nàr de shíhòu shùnbiàn jiànjiàn 현주 de péngyǒu 소영.

今天是현주的生日,所以也准备了礼物。
Jīntiān shì 현주 de shēngrì, suǒyǐ yě zhǔnbèi le lǐwù.

我希望她收到我的礼物后能开心。
Wǒ xīwàng tā shōudào wǒ de lǐwù hòu néng kāi xīn.

● 주요단어

坐 zuò 앉다　地铁 dìtiě 지하철　大概 dàgài 대략　分钟 fēnzhōng 분
时候 shíhòu 때, 시각, 무렵　顺便 shùnbiàn ~하는 김에　准备 zhǔnbèi 준비하다, 준비
希望 xīwàng 희망하다　收到 shōudào 받다, 수령하다

학습

양양: 我去见현주。
Wǒ qù jiàn 현주.
나는 현주를 만나러 간다.

我要去현주那儿。
Wǒ yào qù 현주 nàr.
나는 현주가 있는 거기에 간다.

从这儿到현주那儿坐地铁大概需要20分钟。
Cóng zhèr dào현주 nàr zuò dìtiě dàgài xūyào èr shí fēnzhōng.
여기에서 현주 있는 거기까지, 지하철로 대략 20분 걸린다.

去她那儿的时候顺便见见현주的朋友소영。
Qù tā nàr de shíhòu shùnbiàn jiànjiàn 현주 de péngyǒu 소영.
거기 갔을 때 간 김에 현주의 친구 소영이도 만날 것이다.

今天是현주的生日，所以也准备了礼物。
Jīntiān shì 현주 de shēngrì, suǒyǐ yě zhǔnbèi le lǐwù.
오늘은 현주의 생일이다. 그래서 선물도 준비했다.

我希望她收到我的礼物后能开心。
Wǒ xīwàng tā shōudào wǒ de lǐwù hòu néng kāi xīn.
나는 그녀가 나의 선물을 받고 기뻐하기를 바란다.

● 어법정리

1. 我要去현주那儿。 나는 현주가 있는 거기에 간다.

　　Wǒ yào qù 현주 nàr.

　　- 현주那儿 현주 nàr 현주 있는 그곳, 현주 있는 거기

　　　这儿 zhèr 여기/那儿 nàr 거기/哪 nǎr 어디

2. 从这儿到현주那儿 여기에서 현주 있는 거기까지

　　Cóng zhèr dào 현주 nàr

　　- 从 cóng 여기부터 到 dào까지, 도착하다.

　　　从 cóng 홍제역 到 dào 학교 (学校 xuéxiào)

　　홍제역에서 학교까지

나는 현주를 만나러 간다.

여기에서 현주 있는 거기까지,

오늘은 현주의 생일이다.

我去见현주。
Wǒ qù jiàn 현주.

从这儿到현주那儿,
Cóng zhèr dào현주 nàr,

今天是현주的生日。
Jīntiān shì 현주 de shēngrì.

21 데이트 장소

동료: 你和현주在哪里约会?
Nǐ hé 현주 zài nǎlǐ yuēhuì?

양양: 我们要去看电影。
Wǒmen yào qù kàn diànyǐng.

我们在学校约会。
Wǒmen zài xuéxiào yuēhuì.

我们在公园运动以后看书。
Wǒmen zài gōngyuán yùndòng yǐhòu kànshū.

我们在有情调的咖啡厅约会。
Wǒmen zài yǒu qíngdiào de kāfēitīng yuēhuì.

我们去游乐园。
Wǒmen qù yóulèyuán.

我们一起在学校图书馆学习。
Wǒmen yìqǐ zài xuéxiào túshūguǎn xuéxí.

주요단어

约会 uēhuì 만날 약속, 데이트하다 看 kàn 보다 电影 diànyǐng 영화 学校 xuéxiào 학교
公园 gōngyuán 공원 运动 yùndòng 운동 情调 qíngdiào 咖啡厅 kāfēitīng 카페
游乐园 yóulèyuán 놀이동산

 **학습**

동료: 你和현주在哪里约会?
Nǐ hé 현주 zài nǎlǐ yuēhuì?
너와 현주는 어디서 데이트하니?

양양: 我们要去看电影。
Wǒmen yào qù kàn diànyǐng.
우리는 영화를 보러 가.

我们在学校约会。
Wǒmen zài xuéxiào yuēhuì.
우리는 학교에서 데이트해.

我们在公园运动以后看书。
Wǒmen zài gōngyuán yùndòng yǐhòu kànshū.
우리는 공원에서 운동하고 책을 봐.

我们在有情调的咖啡厅约会。
Wǒmen zài yǒu qíngdiào de kāfēitīng yuēhuì.
우리는 분위기 좋은 카페에서 데이트해.

我们去游乐园。
Wǒmen qù yóulèyuán.
우리는 놀이동산에 가.

我们一起在学校图书馆学习。
Wǒmen yìqǐ zài xuéxiào túshūguǎn xuéxí.
우리는 같이 학교 도서관에서 공부해.

● 어법정리

1. 我们在公园运动以后看书。

   우리는 공원에서 운동하고 책을 본다.

   Wǒmen zài gōngyuán yùndòng yǐhòu kànshū.

   以后 yǐhòu 이후／以前 yǐqián 이전

문장 외워 말하기

우리는 영화를 보러 가.

우리는 학교에서 데이트해.

우리는 분위기 좋은 카페에서 데이트해.

문장 외워 말하기

我们要去看电影。
Wǒmen yào qù kàn diànyǐng.

我们在学校约会。
Wǒmen zài xuéxiào yuēhuì.

我们在有情调的咖啡厅约会。
Wǒmen zài yǒu qíngdiào de kāfēitīng yuēhuì.

22 여자친구 있어요?

양양: 等了很久吗?
Děng le hěn jiǔ ma?

현주: 没有啊。
Méiyǒu a.

这是什么?
Zhè shì shénme?

양양: 祝你生日快乐! 是礼物和花。
Zhùnǐshēngrìkuàilè! Shì lǐwù hé huā.

因为花店不在附近, 所以迟到了。
Yīnwèi huādiàn bú zài fùjìn, Suǒyǐ chídào le.

祝你22岁生日快乐。
Zhù nǐ 22suì shēngrìkuàilè.

今天打算做什么?
Jīntiān dǎsuàn zuò shénme?

현주: 今天和朋友们一起开生日派对。
Jīntiān hé péngyǒumen yìqǐ kāi shēngrìpàiduì.

要一起去吗?
Yào yīqǐ qù ma?

有女朋友吗?
Yǒu nǚpéngyǒu ma?

● 주요단어

花 huā 꽃　迟到 chídào 지각하다, 늦다　祝 zhù 기원하다, 바라다　开 kāi 열다
派对 pàiduì 파티(party)　一起 yīqǐ 같이　女朋友 nǚpéngyǒu 여자친구

학습

양양: 等了很久吗?
Děng le hěn jiǔ ma?
오래 기다렸니?

현주: 没有啊。
Méiyǒu a.
아니야.

这是什么?
Zhè shì shénme?
이것은 뭐야?

양양: 祝你生日快乐! 是礼物和花。
Zhù nǐ shēngrì kuàilè! Shì lǐwù hé huā.
생일축하해! 이것은 선물과 꽃이야.

因为花店不在附近, 所以迟到了。
Yīnwèi huādiàn bú zài fùjìn, Suǒyǐ chídào le.
꽃집이 근처에 없어서 그래서 늦었어.

祝你22岁生日快乐。
Zhù nǐ 22 suì shēngrìkuàilè.
너의 22살 생일을 축하해.

今天打算做什么?
Jīntiān dǎsuàn zuò shénme?
오늘은 무엇을 할 계획이니?

현주: 今天和朋友们一起开生日派对。
Jīntiān hé péngyǒumen yìqǐ kāi shēngrìpàiduì.
오늘 친구들과 함께 생일 파티를 할 거야.

要一起去吗?
Yào yīqǐ qù ma?
 같이 갈래?

有女朋友吗?
Yǒu nǚpéngyǒu ma?
여자친구 있니?

• 어법정리

1. 等了很久吗? Děng le hěn jiǔ ma? 오래 기다렸니?
   等了 Děng le 기다렸다./等着 Děngzhe 기다리고 있다

2. 没有啊。Méiyǒu a. 아니야.
   啊 a 문장의 끝에 쓰여 감탄·찬탄 등의 어세를 도움
   어머나, 저런, 이런

3. 有女朋友吗? yǒu nǚpéngyǒu ma? 여자친구 있니?
   - 女朋友 nǚpéngyǒu 여자친구
   - 男朋友 nánpéngyǒu 남자친구

문장 외워 말하기

오래 기다렸니?

생일 축하해!

여자친구 있니?

문장 외워 말하기

等了很久吗?
Děng le hěn jiǔ ma?

祝你生日快乐!
Zhù nǐ shēngrì kuàilè.

有女朋友吗?
Yǒu nǚpéngyǒu ma?

23 남자친구 있어요?

양양: 生日派对是几点?
Shēngrìpàiduì shì jǐdiǎn?

현주: 下午5点在学校附近的食堂见面。
Xiàwǔ 5 diǎn zài xuéxiào fùjìn de shítáng jiànmiàn.

양양: 有几个朋友参加?
Yǒu jǐgè péngyǒu cānjiā?

현주: 一共5个人。
Yīgòng 5 gè rén.

양양: 朋友们都有男朋友吗?
Péngyǒumen dōu yǒu nánpéngyǒu ma?

현주: 除了2个人以外, 都有。
Chúle 2 gè rén yǐwài, dōu yǒu.

·• 주요단어

生日派对 Shēngrìpàiduì 생일파티　附近 fùjìn 근처, 부근　一共 Yīgòng 전부, 모두
除了 chúle ~을 제외하고　~以外 yǐwài ~을 제외하고는 …이외에는+都 dōu 모두

학습

양양: 生日派对是几点?
Shēngrìpàiduì shì jǐdiǎn?
생일파티는 몇 시니?

현주: 下午5点在学校附近的餐厅见面。
Xiàwǔ 5 diǎn zài xuéxiào fùjìn de cāntīng jiànmiàn.
오후 5시에 학교 근처 식당에서 만날 거야.

양양: 有几个朋友参加?
Yǒu jǐgè péngyǒu cānjiā?
몇 명의 친구가 오니?

현주: 一共5个人。
Yīgòng 5 gèrén.
모두 5명이야.

양양: 朋友们都有男朋友吗?
Péngyǒumen dōu yǒu nánpéngyǒu ma?
친구들 모두 남자친구가 있니?

현주: 除了2个人以外, 都有。
Chúle 2 gèrén yǐwài, dōu yǒu.
2명을 제외하고 모두 있어.

• 어법정리

1. 除了2个人以外,都有。 2명을 제외하고 모두 있다.

   Chúle 2 gèrén yǐwài, dōu yǒu.

   - 除了 chúle~ 以外 yǐwài ~을 제외하고는 …이외에는 + 都

     dōu 모두

   除了唱歌以外, 其他都很好。 노래를 제외하고, 다 잘한다.

   Chúle chànggē yǐwài, qítā dōuhěnhǎo.

생일파티는 몇시니?

몇 명의 친구가 오니?

친구들 모두 남자친구가 있니?

生日派对是几点?
Shēngrìpàiduì shì jǐdiǎn?

有几个朋友参加?
Yǒu jǐgè péngyǒu cānjiā?

朋友们都有男朋友吗?
Péngyǒumen dōu yǒu nánpéngyǒu ma?

24 데이트 신청하기

양양: 我没有女朋友。
Wǒ méiyǒu nǚpéngyǒu.

我可以成为你的男朋友一起去派对吗?
Wǒkěyǐ chéngwéi nǐ de nánpéngyǒu yìqǐ qù pàiduì ma?

我很喜欢你, 현주。
Wǒ hěn xǐhuān nǐ 현주.

你也喜欢我吗 ?
Nǐ yě xǐhuān wǒ ma?

현주: 我也喜欢양양。
Wǒ yě xǐhuān양양.

양양: 那我们交往吧。
Nà wǒmen jiāowǎng ba.

从今天开始是第1天。
Cóng jīntiān kāishǐ shì dì 1 tiān.

 주요단어

成为 chéngwéi ~으로 되다 交往 jiāowǎng 교제 开始 kāishǐ 시작하다
第 dì 제~(회)~(기)~(번째)

양양: 我没有女朋友。
Wǒ méiyǒu nǚ péngyǒu.
나는 여자친구 없어.

我可以成为你的男朋友一起去派对吗?
Wǒ kěyǐ chéngwéi nǐ de nánpéngyǒu yìqǐ qù pàiduì ma?
내가 너의 남자친구로 같이 파티에 가도 되니?

我很喜欢你, 현주。
Wǒ hěn xǐhuān nǐ, 현주.
나 현주 너 많이 좋아해.

你也喜欢我吗?
Nǐ yě xǐhuān wǒ ma?
너도 나 좋아하니?

현주: 我也喜欢양양。
Wǒ yě xǐhuān양양.
나도 양양 좋아해.

양양: 那我们交往吧。
Nà wǒmen jiāowǎng ba.
그럼 우리 사귀자.

从今天开始是第1天。
Cóng jīntiān kāishǐshì dì 1 tiān.
오늘부터 1일 하자!

어법정리

1. 我可以成为你的男朋友一起去派对吗?

내가 너의 남자친구로 같이 파티에 가도 되니?

Wǒ kěyǐ chéngwéi nǐ de nánpéngyǒu yìqǐ qù pàiduì ma?

成为 chéngwéi ~으로 되다

成为乘务员。Chéngwéi chéngwùyuán. 승무원이 되다.

2. 从今天开始是第1天。 오늘부터 1일 하자!

Cóng jīntiān kāishǐ shì dì 1 tiān.

第 dì 제~(회)~(기)~(번째)

第2回合成功! Dì 2 huí hé chénggōng! 2라운드 성공!

문장 외워 말하기

나는 여자친구 없어.

내가 너의 남자친구로 같이 파티에 가도 되니?

나는 너 많이 좋아해.

문장 외워 말하기

我没有女朋友。
Wǒ méiyǒunǚ péngyǒu.

我可以成为你的男朋友一起去派对吗？
Wǒ kěyǐ chéngwéi nǐ de nánpéngyǒu yìqǐ qù pàiduì ma?

我很喜欢你。
Wǒ hěn xǐhuān nǐ.

25 나는 모두 좋아요

현주: 今天我们去哪儿?
Jīntiān wǒmen qù nǎr?

양양: 去电影院, 咖啡馆还是游乐园呢?
Qù diànyǐngyuàn, kāfēiguǎn háishì yóulèyuán ne?

현주: 我都喜欢, 你呢?
Wǒ dōu xǐhuān, nǐne?

양양: 我喜欢看电影, 去咖啡馆也可以。
Wǒ xǐhuān kàndiànyǐng, qù kāfēiguǎn yě kěyǐ.

　　　和你在一起, 什么都喜欢。
　　　Hé nǐ zài yīqǐ, shénme dōu xǐhuān.

현주: 我也一样。
Wǒ yě yīyàng.

* 我也是。
　Wǒyěshì.

｡‥•● 주요단어

哪儿 nǎr 어디, 어느 곳　去电影院 qù diànyǐngyuàn 영화관에 가다　咖啡馆 kāfēiguǎn 카페

 학습

현주: 今天我们去哪儿?
Jīntiān wǒmen qù nǎr?
오늘 우리 어디갈까?

양양: 去电影院, 咖啡馆还是游乐园呢?
Qù diànyǐngyuàn, Kāfēiguǎn háishì yóulèyuán ne?
영화관, 카페, 아니면 놀이공원 갈까?

현주: 我都喜欢, 你呢?
Wǒ dōu xǐhuān, nǐ ne?
나는 다 좋아 너는?

양양: 我喜欢看电影, 去咖啡馆也可以。
Wǒxǐhuān kàndiànyǐng, qù kāfēiguǎn yě kěyǐ.
나는 영화 보는 것 좋아해. 카페 가는 것도 좋아.

和你在一起, 什么都喜欢。
Hé nǐ zài yīqǐ, shénme dōu xǐhuān.
너와 함께 있으면 뭐든 다 좋아.

현주: 我也一样。
Wǒ yě yíyàng.
나도 그래.

＊ 我也是。
Wǒyěshì.
나도 그래.

• 어법정리

1. 咖啡馆还是游乐园呢? 카페 아니면 놀이동산은?

Kāfēiguǎn háishì yóulèyuán ne?

咖啡店 kāfēidiàn 카페 = 咖啡厅 kāfēitīng

2. 我都喜欢, 你呢? 나는 다 좋아 너는?

Wǒ dōu xǐhuān, nǐ ne?

呢 ne

문장의 끝에 써서 사실을 확인하는 어기를 나타냄

老师, 她有男朋友呢! 선생님, 그녀는 남자친구 있어요!

Lǎoshī, tā yǒu nánpéngyǒu ne!

安静点, 孩子在做作业呢。 조용히 해, 아이들 숙제하고 있잖아.

Ānjìng diǎn, háizi zài zuò zuòyè ne.

문장 외워 말하기

오늘 우리 어디 갈까?

나는 다 좋아, 너는?

나도 그래.

문장 외워 말하기

今天我们去哪儿?
Jīntiān wǒmen qù nǎr?

我都喜欢, 你呢?
Wǒdōu xǐhuān, nǐ ne?

我也一样。
Wǒ yě yīyàng.

26 그와 나, 그녀와 나

현주的日记：
현주de rìjì :

- 他和我看电影前，我们去了咖啡厅。
  Tā hé wǒ kàn diànyǐng qián, Wǒmen qù le kāfēitīng.

- 在那里见到了왕대륙和소영。
  Zài nàlǐ jiàndào le 왕대륙 hé 소영.

- 她和我是大学同学。
  Tā hé wǒ shì dàxué tóngxué.

- 我们每个人都喝了不同的咖啡。
  Wǒmen měigè rén dōu hē le bùtóng de kāfēi.

- 像这样，大家一起见面聊天很开心。
  Xiàng zhèyàng, dàjiā yìqǐ jiànmiàn liáotiān hěn kāixīn.

- 看了《不能说的秘密》这部电影。
  Kàn le <Bùnéng shuō de mìmi> zhèbù diànyǐng.

- 希望我们能像电影中那样恋爱。
  Xīwàng wǒmen néng xiàng diànyǐng zhōng nàyàng liànài.

 주요단어

日记 rìjì 일기　前 qián 앞, 나아가다　见到 jiàndào 만나다　同学 tóngxué 학교 친구
不同 bùtóng 같지 않은　像 xiàng ~와 같이　聊天 liáotiān 잡담, 수다
秘密 mìmi 비밀　恋爱 liànài 연애하다

 **학습**

현주的日记：
현주de rìjì：
현주의 일기

- 他和我看电影前，
  Tā hé wǒ kàn diànyǐng qián,
  그와 나는 영화를 보기 전,

- 我们去了咖啡厅。
  Wǒmen qù le kāfēitīng.
  우리는 카페에 갔다.

- 在那里见到了왕대륙和소영。
  Zài nàlǐ jiàndào le 왕대륙 hé 소영.
  그곳에서 왕대륙과 소영을 만났다.

- 她和我是大学同学。
  Tā hé wǒ shì dàxué tóngxué.
  그녀와 나는 학교 친구다.

- 我们每个人都喝了不同的咖啡。
  Wǒmen měi gè rén dōu hē le bùtóng de kāfēi.
  우리 모두는 모두 다른 커피를 마셨다.

- 像这样，大家一起见面聊天很开心。
  Xiàng zhèyàng, dàjiā yīqǐ jiànmiàn liáotiān hěn kāixīn.
  모두 이렇게 같이 만나서 이야기를 하니 매우 즐거웠다.

- 看了《不能说的秘密》这部电影。
  Kàn le <Bùnéng shuō de mìmi> zhèbù diànyǐng.
  〈말할 수 없는 비밀〉이라는 영화를 봤다.

- 希望我们能像电影中那样恋爱。
  Xīwàng wǒmen néng xiàng diànyǐng zhōng nàyàng liàn'ài.
  우리도 이 영화처럼 연애하기를 바란다.

• 어법정리

1. 她和我是大学同学。 그녀는 나와 학교 친구다.

   Tā hé wǒ shì dàxué tóngxué.

   他 tā 그/她 tā 그녀

   同学 tóngxué 학교 친구/同事 tóngshì 동료, 동업자

2. 我们每个人都喝了不同的咖啡。

   우리 모두는 모두 다른 커피를 마셨다.

   Wǒmen měi gè rén dōu hē le bùtóng de kāfēi.

   每个人 měigè rén 사람마다 + 都 dōu 모두

   每个人都有家。Měi gè rén dōu yǒujiā.

   모든 사람은 집이 있다.

문장 외워 말하기

그와 나는 영화를 보기 전, 우리는 카페에 갔다.

그녀와 나는 학교 친구다.

문장 외워 말하기

他和我看电影前,
Tā hé wǒ kàn diànyǐng qián,

我们去了咖啡厅。
Wǒmen qù le kāfēitīng.

她和我是大学同学。
Tā hé wǒ shì dàxué tóngxué.

27 생각 표현하기

양양: 현주, 我明天也想见你。
현주, Wǒ míngtiān yě xiǎng jiàn nǐ.

현주: 不好意思。明天我要学习。
Bùhǎoyìsi. Míngtiān wǒyào xuéxí.

양양: 我觉得我们一起学习也不错。
Wǒ juéde wǒmen yīqǐ xuéxí yě búcuò.

현주: 那么明天在那里见面吧。
Nàme míngtiān zài nàlǐ jiànmiàn ba.

我的书很多, 可是那些都需要。
Wǒ de shū hěnduō, kěshì nàxiē dōu xūyào.

양양: 明天把它们都给我, 我来帮你。
Míngtiān bǎ tāmen dōu gěiwǒ, wǒlái bāng nǐ.

不要担心, 我去接你。
Búyào dānxīn, Wǒ qù jiē nǐ.

 ●주요단어

觉得 juéde ~라고 생각하다, ~라고 여기다   不错 búcuò 맞다, 괜찮다, 나쁘지 않다
那些 nàxiē 그것들   把 bǎ 쥐다, 잡다   接 jiē 가까이 가다, 데리러 가다

학습

양양: 현주, 我明天也想见你。
현주, Wǒ míngtiān yě xiǎng jiàn nǐ.
현주, 나는 내일도 너를 만나고 싶어.

현주: 不好意思, 明天我要学习。
Bùhǎoyìsi, míngtiān wǒyào xuéxí.
미안해, 내일 나는 공부해야 해.

양양: 我觉得我们一起学习也不错。
Wǒ juéde wǒmen yìqǐ xuéxí yě búcuò.
내 생각에 우리 내일 같이 공부해도 나쁘지 않을 것 같아.

현주: 那么明天在那里见面吧。
Nàme míngtiān zài nàlǐ jiànmiàn ba.
그럼 내일 어디서 볼까.

我的书很多, 可是那些都需要。
Wǒ de shū hěnduō, kěshì nàxiē dōu xūyào.
나의 책이 너무 많은데 그것들 다 필요해.

양양: 明天把它们都给我, 我来帮你。
Míngtiān bǎ tāmen dōu gěiwǒ, wǒlái bāng nǐ.
내일 그것들을 모두 나에게 줘. 내가 도와줄게.

不要担心, 我去接你。
Búyào dānxīn, Wǒ qù jiē nǐ.
걱정하지마. 내가 너를 데리러 갈게.

1. 不好意思，明天我要学习。미안해, 내일 나는 공부해야 해.

   Bùhǎoyìsi, míngtiān wǒyào xuéxí.

   不好意思。bùhǎoyìsi. 죄송합니다.

   很抱歉 hěn bàoqiàn. 정말 미안합니다.

   对不起。Duìbuqǐ. 미안합니다.

2. 明天把它们都给我，我来帮你。

   내일 그것들을 모두 나에게 줘, 내가 도와줄게.

   Míngtiān bǎ tāmen dōu gěiwǒ, wǒlái bāng nǐ.

   把 bǎ 쥐다, 잡다.

   주어 + 把 bǎ + 목적어 + 동사 + 기타성분

문장 외워 말하기

내 생각에 우리 내일 같이 공부해도 나쁘지 않을 것 같아.

걱정 하지마.

내가 너를 데리러 갈게.

문장 외워 말하기

我觉得我们一起学习也不错。
Wǒ juéde wǒmen yīqǐ xuéxí yě búcuò.

不要担心,
Búyào dānxīn,

我去接你。
Wǒ qù jiē nǐ.

28 어느 것이 예쁜가요?

점원: 欢迎光临!
Huānyíngguānglín!

양양: 今天我要送戒指给女朋友。
Jīntiān wǒyào sòng jièzhi gěi nǚpéngyǒu.

점원: 这款最近很流行, 这是新款。
Zhèkuǎn zuìjìn hěnliúxíng, zhèshìxīnkuǎn.

这款和那款相比, 哪款更漂亮?
Zhèkuǎn hé nàkuǎn xiāngbǐ, nǎkuǎn gèng piàoliang?

양양: 女生一般更喜欢哪款? 她是韩国人。
Nǚshēng yībān gèng xǐhuān nǎkuǎn. Tā shì hánguó rén.

점원: 虽然各国流行的东西不同,
Suīrán gèguó liúxíng de dōngxi bùtóng,

但是全世界女生都喜欢戒指。
Dànshì quánshìjiè nǚshēng dōuxǐhuān jièzhi.

● 주요단어

送 sòng 보내다, 주다　戒指 jièzhi 반지　款 kuǎn 종류　最近 zuìjìn 최근
流行 liúxíng 유행　新款 xīnkuǎn 신상　相比 xiāngbǐ 비교하다　更 gèng 더욱
一般 yībān 일반적으로

 **학습**

점원: 欢迎光临!
Huānyíngguānglín!
어서오세요!

양양: 今天我要送戒指给女朋友。
Jīntiān wǒyào sòng jièzhi gěi nǚpéngyǒu.
오늘 여자친구에게 반지를 주려고 합니다.

점원: 这款最近很流行, 这是新款。
Zhèkuǎn zuìjìn hěnliúxíng, zhèshìxīnkuǎn.
이 종류는 요즘 유행하는 것이고, 여기는 신상입니다.

这款和那款相比, 哪款更漂亮?
Zhèkuǎn hé nàkuǎn xiāngbǐ, nǎkuǎn gèng piàoliang?
이 종류와 저 종류, 어느 것이 더 예쁜가요?

양양: 女生一般更喜欢哪款?
Nǚshēng yībān gèng xǐhuān nǎkuǎn?
여자들은 일반적으로 어느 것을 더 좋아하나요?

她是韩国人。
Tā shì Hánguó rén.
그녀는 한국인입니다.

점원: 虽然各国流行的东西不同,
Suīrán gèguó liúxíng de dōngxi bùtóng,
비록 각 나라마다 유행은 다르지만,

但是全世界女生都喜欢戒指。
Dànshì quánshìjiè nǚshēng dōu xǐhuān jièzhi.
그러나 세계 여자들은 모두 반지를 좋아하지.

● 어법정리

1. 这款和那款相比, 哪款更漂亮?

이 종류와 저 종류, 어느 것이 더 예쁜가요?

Zhèkuǎn hé nàkuǎn xiāngbǐ, nǎkuǎn gèng piàoliang?

- 更 gèng 더욱

女生一般更喜欢哪款? 여자들은 보통 어느 것을 더 좋아하나요?

Nǚshēng yībān gèng xǐhuān nǎkuǎn?

2. 虽然各国流行的东西不同, 비록 각 나라마다 유행은 다르지만,

Suīrán gèguó liúxíng de dōngxi bùtóng,

但是全世界女生都喜欢戒指。

그러나 세계 여자들은 모두 반지를 좋아하지요.

Dànshì quánshìjiè nǚshēng dōu xǐhuān jièzhi.

- 虽然suīrán 비록 ~일지라도

虽然他长得不帅, 但是我喜欢。

비록 잘생기지는 않았지만, 나는 그를 좋아해요.

Suīrán tā zhǎngde búshuài, dànshì wǒ xǐhuān.

문장 외워 말하기

오늘 여자친구에게 반지를 주려고 합니다.

이 종류와 저 종류, 어느 것이 더 예쁜가요?

비록 잘생기지는 않았지만, 나는 그를 좋아해요.

문장 외워 말하기

今天我要送戒指给女朋友。
Jīntiān wǒyào sòng jièzhi gěi nǚpéngyǒu.

这款和那款相比, 哪款更漂亮?
Zhèkuǎn hé nàkuǎn xiāngbǐ, nǎkuǎn gèng piàoliang?

虽然他长得不帅, 但是我喜欢。
Suīrán tā zhǎngde búshuài, dànshì wǒ xǐhuān.

29 선물 사기

양양: 我今天去她家。
Wǒ jīntiān qù tājiā.

应该买什么礼物?
Yīnggāi mǎi shénme lǐwù?

在韩国, 如果被邀请去女朋友家,
Zài hánguó, rúguǒ bèi yāoqǐng qù nǚpéngyǒu jiā,

一般带什么礼物?
Yībān dài shénme lǐwù?

소영: 一般带水果, 酒。
Yībān dài shuǐguǒ, jiǔ.

양양: 一想到要见她的父母就紧张。
Yī xiǎngdào yào jiàn tā de fùmǔ jiù jǐnzhāng.

● 주요단어

应该 yīnggāi 마땅히 ~해야 한다   礼物 lǐwù 선물   如果 rúguǒ 만약
被 bèi ~를 당하다, ~되어지다   一般 yībān 일반적으로   酒 jiǔ 술   父母 fùmǔ 부모님
紧张 jǐnzhāng 긴장하다, 긴장

학습

양양: 我今天去她家。

Wǒ jīntiān qù tājiā.

나는 오늘 그녀의 집에 가.

应该买什么礼物?

Yīnggāi mǎi shénme lǐwù?

무슨 선물을 사야 하지?

在韩国, 如果被邀请去女朋友家,

Zài hánguó, rúguǒ bèi yāoqǐng qù nǚpéngyǒu jiā,

한국에서는 여자친구집에 초대 받으면,

一般带什么礼物?

Yībān dài shénme lǐwù?

보통 무슨 선물을 가지고 가니?

소영: 一般带水果,酒。

Yībān dài shuǐguǒ, jiǔ.

보통 과일, 술을 가지고 가.

양양: 一想到要见她的父母就紧张。

Yī xiǎngdào yào jiàn tā de fùmǔ jiù jǐnzhāng.

그녀의 부모님을 만날 생각을 하니 긴장돼.

─● 어법정리

1. 应该买什么礼物？Yīnggāi mǎi shénme lǐwù?

무슨 선물을 사야 하지?

- 应该yīnggāi 마땅히 ~해야 한다, 아마도

应该是。Yīnggāi shì. 아마 ~일 거예요.

2. 在韩国, 如果被邀请去女朋友家,

Zài hánguó, rúguǒ wǒ yāoqǐng qù nǚpéngyǒu jiā,

- 被bèi ~를 당하다, ~되어지다

我被他感动了。Wǒ bèitā gǎndòng le.

나는 그에 의하여 감동받았다.

3. 一想到要见她的父母就很紧张。

그녀의 부모님을 만날 생각을 하니 매우 긴장돼.

Yī xiǎngdào yào jiàn tā de fùmǔ jiù hěn jǐnzhāng.

- 一想到。yī xiǎng dào. 생각해보다.

想一想。Xiǎng yī xiǎng. 생각해봐.

문장 외워 말하기

무슨 선물을 사야 하지?

보통 무슨 선물을 가지고 가니?

그녀의 부모님을 만날 생각을 하니 매우 긴장돼.

문장 외워 말하기

应该买什么礼物?
Yīnggāi mǎi shénme lǐwù?

一般带什么礼物?
Yìbān dài shénme lǐwù?

一想到要见她的父母就很紧张。
Yī xiǎngdào yào jiàn tā de fùmǔ jiù hěn jǐnzhāng.

30 중국 기념일

- 中国纪念日 zhōngguó jìniànrì
- 春节 chūnjié 阴历 yīnlì 1月1日
- 清明节 qīngmíngjié 阳历 yánglì 4月5号 左右 zuǒyòu
- 劳动节 láodòngjié 5月1日
- 端午节 duānwǔjié 阴历 yīnlì 5月5日
- 中秋节 zhōngqiūjié 阴历 yīnlì 8月15日
- 520 wǔèr líng 5月20日/521 5月21日
- 结婚纪念日 jiéhūnjìniànrì

* 年 nián/月 yuè/日 rì (号 hào)

학습

- 中国纪念日 hōngguójìniànrì 중국 기념일
- 春节 chūnjié/阴历 yīnlì 1月1日 춘절, 구정/阴历 yīnlì 음력
- 清明节 qīngmíngjié 청명절 阳历 yánglì 양력4月5号
  左右zuǒyòu 즈음
- 劳动节 láodòngjié 5月1日 노동절
- 端午节 duānwǔjié 阴历 yīnlì 음력 5月5日 단오절
- 中秋节 zhōngqiūjié 阴历 yīnlì 음력 8月15日 추석
- 520 wǔèr líng 5月20日 오이공 데이 521 5月21日 오이일 데이
  (520 我爱你 wǒàinǐ와 발음이 비슷해서 연인이 고백하는 고
  백 데이와 같음)
- 521 5月21日 오이일 데이 (둘이 하나 되는 날)
- 结婚纪念日 jiéhūnjìniànrì 결혼기념일

* 年 nián/月 yuè /日 rì = 号 hào

31 결혼 이야기

今天양양和현주结婚。
Jīntiān 양양 hé 현주 jiéhūn.

현주今天穿了三套礼服,
현주 Jīntiān chuānle sāntào lǐfú,

分别是迎宾服, 婚纱, 敬酒服。
Fēnbié shì yíngbīnfú, hūnshā, jìngjiǔfú.

양양一整天都在和家人、朋友一起喝酒。
양양yīzhěngtiān dōu zài hé jiārén、péngyǒu yīqǐ hējiǔ.

现在我们成为了夫妻。
Xiànzài wǒmen chéngwéile fūqī.

向公公, 婆婆, 岳父, 岳母致谢。
Xiànggōnggōng, pópo, yuèfù, yuèmǔ zhìxiè.

●**주요단어**

结婚 jiéhūn 결혼하다 穿 chuān 입다, 옷차림 套 tào 세트, 벌
分别 fēnbié 구별, 헤어지다, 이별하다 迎宾 yíngbīn 손님을 맞이하다.
婚纱 hūnshā 신부 드레스 敬酒 jìngjiǔ 피로연 一整天 yīzhěngtiān 하루 종일
公公 gōnggōng 시아버지 婆婆 pópo 시어머니 岳父 yuèfù 장인어른
岳母 yuèmǔ 장모님 致谢 zhìxiè 감사를 표하다

학습

今天양양和현주结婚。
Jīntiān 양양 hé 현주 jiéhūn.
오늘은 양양과 현주가 결혼을 한다.

현주今天穿了三套礼服,
현주 Jīntiān chuān le sāntào lǐfú,
현주는 오늘 세 벌의 예복을 입는다.

分别是迎宾服, 婚纱, 敬酒服。
Fēnbié shì yíngbīnfú, hūnshā, jìngjiǔfú.
손님맞이드레스, 예식드레스, 피로연드레스

양양一整天都在和家人、
양양 Yīzhěngtiān dōu zài hé jiārén,
양양은 하루 종일 가족들과,

朋友一起喝酒。
Péngyǒu yīqǐ hējiǔ.
친구들과 함께 술을 마신다.

现在我们成为了夫妻。
Xiànzài wǒmen chéngwéile fūqī.
지금 우리는 부부가 되었다.

向公公, 婆婆, 岳父, 岳母致谢。
Xiànggōnggōng, pópo, yuèfù, yuèmǔ zhìxiè.
시아버님, 시어머님, 장모님, 장인어른을 향하여 감사인사를 드린다.

● 어법정리

1. 现在我们成为了夫妻。 지금 우리는 부부가 되었다.

    Xiànzài wǒmenchéngwéi le fūqī.

    成为chéngwéi ~되다

    成为歌手。 Chéngwéi gēshǒu. 가수가 되다.

    成为乘务员。 Chéngwéi chéngwùyuán. 승무원이 되다.

    成为模特。 Chéngwéi mótè. 모델이 되다.

▶ 식전 드레스(손님맞이 드레스)

▶ 예식 드레스

▶ 피로연 드레스

저자약력

이지연

서강대학교 대학원 중국문화학과 석사과정
현) 한중청소년문화교육교류센터 토토china 대표
　　중국산동사범대학교 항공승무원학과 한국입학처 대표
　　서울문화예술대학교 외래교수
　　라플라잇 승무원학원 대표
전) 중국동방항공 객실승무원 승무부 팀장

이문미

국립안동대학교 대학원 한문과 박사과정
중국곡부사범대학교 국제한어과 석사
전) 안동대학교 공자문화원 교원
　　태국 Surin vocational college 중국어교원

저자와의
합의하에
인지첩부
생략

썸 타는 중국어 첫걸음

2020년 8월 25일 초판 1쇄 인쇄
2020년 8월 30일 초판 1쇄 발행

지은이 이지연 · 이문미
펴낸이 진욱상
펴낸곳 (주)백산출판사
교 정 박시내
본문디자인 오행복
표지디자인 오정은

등 록 2017년 5월 29일 제406-2017-000058호
주 소 경기도 파주시 회동길 370(백산빌딩 3층)
전 화 02-914-1621(代)
팩 스 031-955-9911
이메일 edit@ibaeksan.kr
홈페이지 www.ibaeksan.kr

ISBN 979-11-6567-157-0   13720
값 12,000원